低学年でもっとも大切なのは、基礎基本の学力と学習習慣の確立です。

陰山 英男

①「三つの気」を育てよう

　家庭の第一の役割は、「子どもを元気にする」ことです。

　元気な子どもは、活発です。好奇心に満ちあふれています。やる気があるのです。

　元気な子どもは、少しの失敗を気にしません。根気があるからやり直しができるのです。

　お母さん、お父さんに「うちの子、勉強のほうはいま一つだなあ」とご相談を受けたとして、元気、やる気、根気の「三つの気」があるお子さんなら、基本的に心配いりません、と私は申しあげるでしょう。

　しかしこの「三つの気」は、放っておいて子どもたちが勝手に手に入れられるものではありません。

●早寝・早起き・朝ご飯

　まず、元気が出る生活習慣にしましょう。ずばり早寝・早起き・朝ご飯です。

　私は、これまで教師として子どもたちと早寝・早起き・朝ご飯の生活づくりに取り組んできました。私はいくつもの学校に勤めてきましたが、学校にこられる方はみなさん「子どもたちは、みんな元気ですね」と口を揃えて言ってくださいます。

　低学年なら、夜は９時半までに就寝し、朝は６時半には起き、朝ご飯を必ず食べる。一昔前の子どもたちが、当たり前のようにしていた生活をすることで、子どもたちは本当に活発になります。活動的になるということは集中力が高まることでもあります。血の巡りがよくなるわけですから、学習面でもそれだけ効率があがります。

●一人にさせないで

　学習やスポーツなど、やる気・根気を育む場面はいくつもあります。共通するのは、親なり指導者なりが子どもを励まし続けることと、子どもが一人でするのではなく一緒にする誰かがいることです。

　家庭では親が、学校では教師と友だちが周りにいて、互いに気にかけ励まし合いながら取り組むことでやる気と根気が育っていきます。生を受けて10年にならない子どもたちです。弱い存在なのです。一人では育ちません。私が低学年の子どもの家庭学習をリビングですることをおすすめする理由もそこにあります。

②家庭学習で育てるやる気と根気

●親は子どもの勉強仲間に

　私の師匠である故岸本裕史先生は、「夕飯

のしたくのとき、音読を聞いてやってね、"え〜○○ちゃん、そんな難しい漢字を習ったの。すごいね、お父さんが帰ってきたら、あなたがどんなに賢くなったか教えてあげよう"こんなふうに子どもに声をかけてやってください」とお母さんたちにいつも話していました。

忙しい毎日でしょう。でも工夫しだいで親は子どもの勉強仲間になれます。不在がちのお父さんもお子さんの勉強仲間になってください。

●やさしいことを短時間、継続して

あるときから私は、100マス計算を何日間かずつ同じ問題でするようになりました。毎日させたいが、違う問題を作成する時間がない日が続いた、そんな理由からでした。このとき私は、スピードは上がるが計算力はつかないだろう、でも毎日することに意味があると考えていました。ところがある日、計算テストをして驚きました。子どもたちの計算力が上がっていたのです。

同じ問題であっても毎日タイムが上がってほめられ、子どもは意欲と自信をつけていた、それが計算力アップにつながったのでした。

●家庭学習で大切なこと

この『勉強したくなるプリント』は、小学1年生・2年生・3年生という時期に、基礎基本の学力と学習習慣を身につけるためのプリントです。

基礎基本の内容は、漢字や計算力のように、学年が上がってどんなに難しい学習になっても必要とされる力です。

そして、基本問題のくり返し学習は、子どもの中に自信を育み、学習へのやる気と根気を育てることができます。

このプリント集の問題は、
- やさしい問題を
- 毎日する
- 最後までする

の工夫をしました。わからないときは答えを見たり、写したりしてもよいのです。最後までやりきることを大切にして、学力と家庭学習の習慣をつけられるようにしています。

一度にたくさん、長時間する必要はありません。朝起きて顔を洗うように家庭での勉強の習慣をつけることを大事にしましょう。低学年はまずそこから始めましょう。

1年生で獲得したい基礎学力をあげておきます。

㋐ひらがな、かたかなの清音すべてが読めて書ける。

㋑助詞（てにをは）を適切に使い分けて文章が書ける。

㋒100マス計算（たし算・ひき算）が最後までできる。

㋓配当漢字がすべて読め、8割の漢字を書くことができる。

陰山英男（かげやま　ひでお）　陰山ラボ代表。一般財団法人基礎力財団理事長。教育クリエイターとして「陰山メソッド」の普及につとめ、教育アドバイザーとして子どもたちの学力向上で成果をあげている。文部科学省中央教育審議会初等中等教育分科会教育課程部会委員、内閣官房教育再生会議委員、大阪府教育委員会委員長などを歴任。2006年4月から2016年まで立命館大学教授。

いくつ
○がつくかな

秋の親子で
2週間

生活づくり表

☆月日を記入して、お使いください。
☆できたところに○をつけます。

がんばること	/ 月	/ 火	/ 水	/ 木	/ 金	/ 月	/ 火	/ 水	/ 木	/ 金
①きまった時間におきる　　時　　分										
②あいさつやへんじをする										
③パジャマをたたむ										
④朝ごはんをたべる										
⑤べんきょう（しゅくだい）をする										
⑥じかんわりをあわせる										
⑦つくえの上をせいとんする										
⑧読書（読み聞かせ）をする										
いくつ○がついたかな？										

〈おうちの方へ〉

いちばん大事な8項目にしぼりました。親子のコミュニケーションの一つとしてとりくんでみてください。

①……たとえ夜おそく寝ても、起きる時間だけは守らせます。

②……呼ばれたら「はい」と元気よく。挨拶も大きな声で。それがコミュニケーションの入口です。

③……1日のスタートをきちんと始めさせます。

④……あたたかいご飯、みそ汁など手づくりのものを。

⑤……毎日決まった時間にするのがポイント（例：帰ってスグ、夕食のあと）

⑥……お子さんだけでさせて、あとから確認を。

⑦……「新学期こそ！」という気持ちが薄れないうちに、よい習慣をつけましょう。

⑧……テレビを消して、親子読書がおすすめです。

♥○の数が増えたらほめてあげましょう。昨日より今日、今日より明日と、できることを重ねていきましょう。

勉強したくなる さんすう・こくご

小学1年生 後期

家庭学習でつける力：陰山英男……①
秋の親子で2週間　生活づくり表……③
1年生　後期の勉強　ここがポイントです……⑥

さんすう

1年生 後期 こうき

たしざん・ひきざん1～4 …… ⑦
20までの　かず1～7 …… ⑮
ながさ　くらべ1～3 …… ㉛
ひろさと　かさ1・2 …… ㊴
とけい1・2 …… ㊸
3つの　かずの　けいさん1～3 …… ㊾
くり上がる　たしざん1～10 …… (55)
くり下がる　ひきざん1～10 …… (79)
たしざん・ひきざん1・2 …… (101)
かたち1・2 …… (107)
大きな　かず1～7 …… (111)
2けたの　たしざん1・2 …… (127)
2けたの　ひきざん1・2 …… (133)
まとめの　テスト1～3 …… (137)
まとめの　テスト　こたえ／修了証申し込み …… (143)

さんすう

「ナゾトキ☆クエスト」　もくじ

ステージ1 …… (75)
ステージ2 …… (89)
ステージ3 …… (103)
ステージ4 …… (117)
ステージ5 …… (131)

「ナゾトキ☆クエスト」も
はじまるよ！　(75)ページからだよ。

リオくん　　ししょう

プリント ●もくじ

こくご

❶年生 後期 こうき

かたかな1～10 ……………………………… ⑧
のばす　おと ………………………………… ㉚
かたかな11～16 …………………………… ㉜
かたちから　できた　かんじ1・2 ……… ㊻
かたかな17 ………………………………… ㊾
かん字1～28 ……………………………… ㊾
つまる　音・ねじれる　音 ……………… ⑫⓪
よみとりもんだい1～4 ………………… ⑫②
くっつきの　ことば ……………………… ⑬⓪
ものの　なまえ …………………………… ⑬④
正しく　つたえましょう ………………… ⑬⑥

まとめの　テスト1～3 ………………………… ⑬⑧
まとめの　テスト　こたえ／修了証申し込み…… ⑭④

おまけ　もくじ

さんすう　⑳・㉞・㊽・㉒

こくご　㊼・⑨⓪・⑩④・⑪⑧・⑬②

こくご

「ナゾトキ☆クエスト」もくじ

ステージ1 …………… ⑲
ステージ2 …………… ㉝
ステージ3 …………… ㊼
ステージ4 …………… ㉖

「ナゾトキ☆クエスト」もはじまるよ！ ⑲ページからだよ。

ドラキュラ　リオくん

ここがポイントです

さんすう

◎「たしざん・ひきざん」

　たし算の学習では、問題の中から二つの数を選んで足して正しい答えを出す、ひき算では、大きい数から小さい数を引いて正しい答えを出す、こうした計算力もとても大切ですが、どんなときに「たし算」になり、どんなときに「ひき算」を使うかを理解することも重要です。たし算とひき算のまじったページも設けています。

◎「大きなかず」

　09年から、130くらいまでの数を学習するようになりました。数を順に唱えることや、2とび（2．4．6…）・5とび（5．10．15…）・10とび（10．20．30…）で言えることの力を養います。

　また、3けたの数を一の位、十の位、百の位にそれぞれ書いていく「十進位取り記数法」の理解が求められます。

◎「ながさくらべ」「ひろさとかさ」

　ながさ、ひろさ、かさの量を数字で表すのは、2年生からですが、「こっちが長い」「あっちが広い」など、別な何かを仲介して比べることを実際に体験することが大切です。

こくご

◎かたかな

　学校では、2年生までに全部のかたかなを学習するようになっています。本書では、まず五十音順に全部を練習するようにしています。字形と筆順に注意してください。2年生で習熟できるようにしています。

◎漢字

　初めての漢字です。1年生は、山・川・水・木・日・月・火などのように身近で、その形から作られた文字（象形文字）や「先生」「学校」のような生活の中にある漢字を学習します。イラストをふんだんに使って親しみやすく漢字を学習できるように工夫しました。

◎よみとり

　後期ではよみとりの学習も始めます。親しみやすい教材です。問題をよく読めば、解答でき、基礎的な読解力を養えるようにしています。問題文も含めて声に出して読むことから始めましょう。

　本書の教材（抜粋）に取り組むと同時に、もとの物語などの全文を読むなど、読書に親しむようにさせてください。

たしざん・ひきざん 1

🐨 つぎの けいさんを しましょう。

① 3 + 3 =

② 5 + 2 =

③ 9 − 1 =

④ 3 − 2 =

⑤ 1 + 6 =

⑥ 7 + 1 =

⑦ 6 − 5 =

⑧ 8 − 6 =

⑨ 1 + 4 =

⑩ 5 − 1 =

● おうちの方へ 🐭🐭 ●

このページでは、①〜⑧まで2題ずつたし算・ひき算を交互に出しています。

かたかな 1

①は あかい ばんごうじゅんに ていねいに なぞります。②は ③の おてほんを みて かきま す。つぎに ③を なぞります。④は しあげです。さいごに、したの ことばを かたかなで かきま しょう。

④	③		②	①
	ア			ア あ
	イ			イ い
	ウ			ウ う
	エ			エ え
	オ			オ お

あ い あ い

お う む

● おうちの方へ ●
①は、番号順にはみ出さないようになぞります。②は③を見て、そっくりに書きます。③は、①と同じようになぞりま す。④はていねいに書きます。学校では、ひらがなに比べてかたかなを学習する時間はあまり多くありません。おうちで 少し時間をとって学習しましょう。

【7ページのこたえ】①6 ②7 ③8 ④1 ⑤7 ⑥8 ⑦1 ⑧2 ⑨5 ⑩4

たしざん・ひきざん 2

🐨 つぎの けいさんを しましょう。

① $3 - 1 =$

② $4 - 3 =$

③ $3 + 5 =$

④ $6 + 2 =$

⑤ $8 - 4 =$

⑥ $7 - 6 =$

⑦ $1 + 2 =$

⑧ $2 + 4 =$

⑨ $9 - 2 =$

⑩ $1 + 8 =$

● おうちの方へ  ●

何算の計算か、よく見て計算させるようにしましょう。

かたかな 2

おわったら
いろぬりしよう

①は あかい ばんごうじゅんに ていねいに なぞりま
す。 つぎに ③を なぞります。 ②は ③の おてほんを みて かきま
しょう。 ④は しあげです。 さいごに、 したの ことばを かたかなで かきま
しょう。

④	③	②	①
	カ		カ か
	キ		キ き
	ク		ク く
	ケ		ケ け
	コ		コ こ

こ こ あ

け ー き

かたかなの
のばす
おとには
「ー」を
かきます。

おうちの方へ

前ページ「かたかな1」と同様に書いていきましょう。「キ」の2画目は、1画目より長くするように注意してあげましょう。3画目はななめに書きます。

⑩

たしざん・ひきざん 3

🐨 つぎの けいさんを しましょう。

① 1 + 5 =

② 6 − 4 =

③ 9 − 2 =

④ 1 + 1 =

⑤ 7 − 5 =

⑥ 5 + 4 =

⑦ 6 − 3 =

⑧ 3 + 1 =

⑨ 7 − 2 =

⑩ 4 + 3 =

● おうちの方へ

たし算・ひき算が混ざると、たし算だけ、あるいはひき算だけだとできる子が、落ち着きをなくしてできなくなる場合が
あります。あわてずに何算か確かめるようにさせましょう。

⑪

かたかな 3

①は あかい ばんごうじゅんに ていねいに なぞりましょう。②は ③の おてほんを みて かきます。つぎに ③を なぞります。④は しあげです。さいごに、したの ことばを かたかなで かきます。

べんきょうしたのは

☐ がつ ☐ にち

おわったら いろぬりしよう

	サ	シ	ス	セ	ソ

く い ず

ご は ん よ り も パン（ぱん）が す き な ど う ぶ つ、 な ー ん だ？

そ ー す

● おうちの方へ ●

「シ」と「ツ」はまちがいやすいので気をつけましょう。ひらがなの「し」の文字に重ねて覚えるとよいでしょう。

⑫

たしざん・ひきざん 4

　つぎの　けいさんを　しましょう。

① $5 - 4 =$

② $2 + 7 =$

③ $4 + 1 =$

④ $3 + 2 =$

⑤ $8 - 1 =$

⑥ $9 - 5 =$

⑦ $8 + 1 =$

⑧ $8 - 3 =$

⑨ $9 - 8 =$

⑩ $2 + 1 =$

　おうちの方へ

このプリントを前期から始めて、このページまで進んでくると、たし算・ひき算が混ざっていても気をつけて計算することができるでしょう。うっかりミスをしないよう、落ち着いてやらせましょう。

13

かたかな4

①は あかい ばんごうじゅんに ていねいに なぞります。②は ③の おてほんを みて かきます。つぎに ③を なぞります。④は しあげです。さいごに、したの ことばを かたかなで かきましょう。

べんきょうしたのは

[ ] がつ [ ] にち

おわったら いろぬりしよう

た
く
し
ー

て
す
と

● おうちの方へ ●

「ツ」と「シ」はとくにまちがいやすいので気をつけましょう。「ツ」もひらがなの「つ」の文字に重ねて覚えましょう。

⑭

【13ページのこたえ】①1 ②9 ③5 ④5 ⑤7 ⑥4 ⑦9 ⑧8 ⑨1 ⑩3

20までの かず 1

べんきょうしたのは
□がつ □にち
おわったらいろぬりしよう

🐨 なんこ あるでしょう。□に かずを かきましょう。

①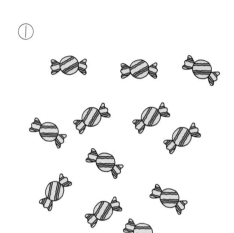

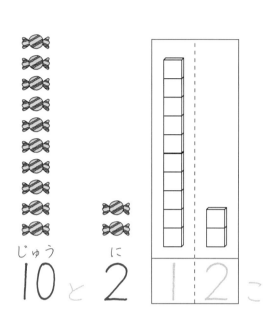

じゅう に
10 と 2　12 こ

②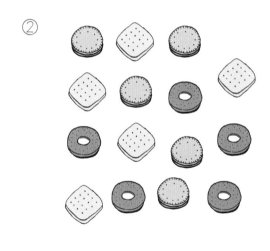

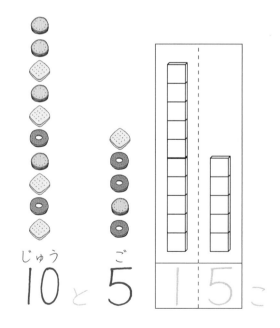

じゅう ご
10 と 5　15 こ

● おうちの方へ 🐶🐱 ●
最近、物を実際に数える体験が減っています。いろいろな物を数えさせ、多い数のときは「10」のかたまりを作るとわかりやすいことを体感することが大切です。絵では、数えた物に印（＼など）をつけていきましょう。

【こたえのページ】★こたえ・ノート

①は あかい ばんごうじゅんに ていねいに なぞります。②は ③の おてほんを みて かきま
す。つぎに ③を なぞります。④は しあげです。さいごに、したの ことばを かたかなで かきま
しょう。

べんきょうしたのは

□ がつ □ にち

おわったら
いろぬりしよう

④	③	②	①
	ナ	ナ	ナ（な）
④	③	②	①
	二	二	二（に）
④	③	②	①
	ヌ	ヌ	ヌ（ぬ）
④	③	②	①
	ネ	ネ	ネ（ね）
④	③	②	①
	ノ	ノ	ノ（の）

ね
く
た
い

の
ー
と

● おうちの方へ ●

「ナ」の書き順に注意しましょう。横ぼうを先に書いて、「ノ」はななめにはらいます。かたかなののばす音は「ー（音引き）」で表します。

⑯

20までの かず 2

いくつでしょう。タイルを すうじに かえて、[　] の なかに かきましょう。

① 十の くらい｜一の くらい

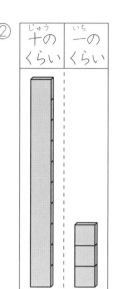

十の くらい	一の くらい
1	1

② 十の くらい｜一の くらい

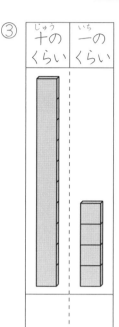

③ 十の くらい｜一の くらい

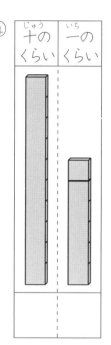

④ 十の くらい｜一の くらい

⑤ 十の くらい｜一の くらい

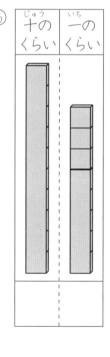

⑥ 十の くらい｜一の くらい

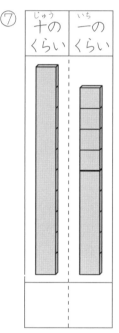

⑦ 十の くらい｜一の くらい

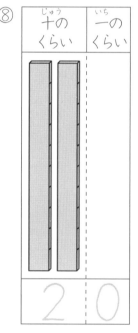

⑧ 十の くらい｜一の くらい

十の くらい	一の くらい
2	0

● おうちの方へ

しっかり数えてから、数を書かせましょう。「20までの かず 1」で学習した12、15はとばしています。

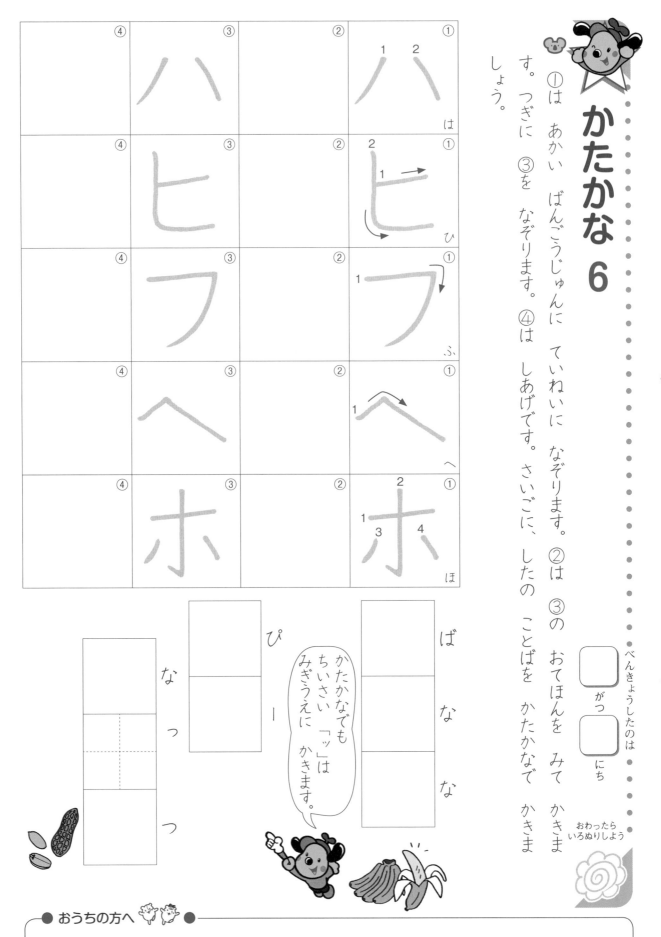

かたかな 6

べんきょうしたのは

[ ]がつ [ ]にち

おわったら
いろぬりしよう

①は あかい ばんごうじゅんに ていねいに なぞります。②は ③の おてほんを みて かきま
す。つぎに ③を なぞります。④は しあげです。さいごに、したの ことばを かたかなで かきま
しょう。

④	③	②	① は
ハ	ハ	ハ	ハ

④	③	②	① ひ
ヒ	ヒ	ヒ	ヒ

④	③	②	① ふ
フ	フ	フ	フ

④	③	②	① へ
ヘ	ヘ	ヘ	ヘ

④	③	②	① ほ
ホ	ホ	ホ	ホ

ばなな

かたかなでも
ちいさい「ッ」は
みぎうえに
かきます。

ぴー

なっつ

● おうちの方へ ●

「ハ」の２画目は止め、「ホ」の２画目ははねます。「ヒ」の１画目の方向（左から右へ）にも気をつけましょう。

⑱

ナゾトキ☆クエスト
🦇 ドラキュラ へん

ステージ 1

まちがった かたかなの かいて ある かたちに いろを ぬろう。なんばんの はしが せいかいか わかるぞ。

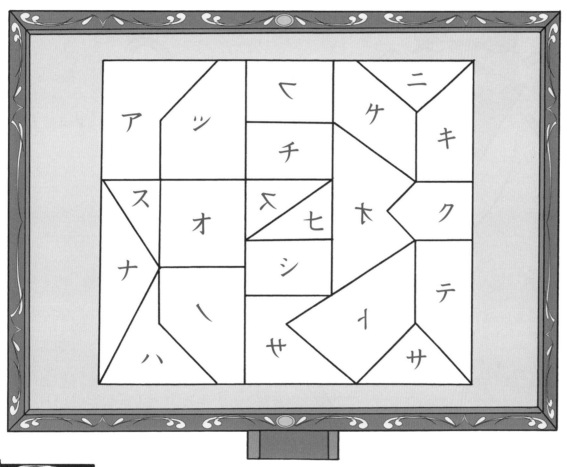

33ページに つづく。

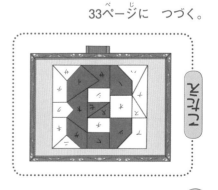

19

● かずの ちいさい じゅんに せんで むすびましょう。
　できたら すきな いろを ぬりましょう。

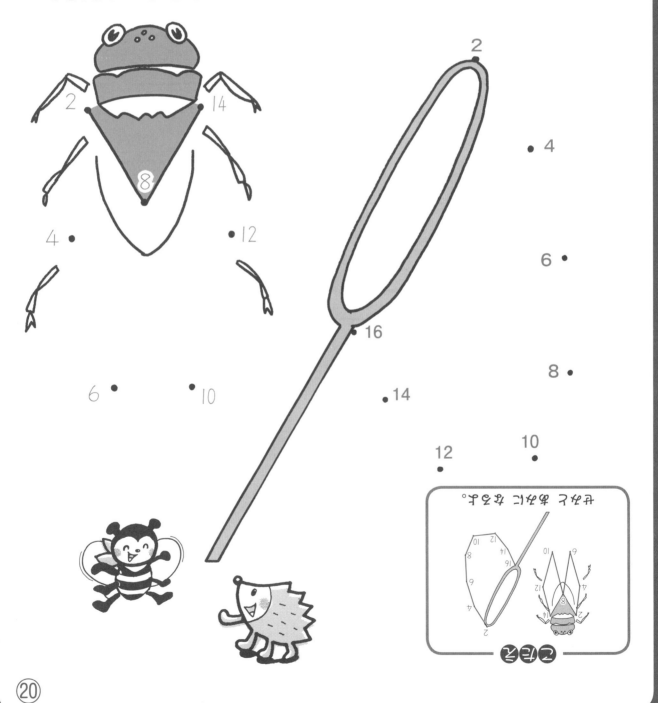

20までの かず 3

1. すうじの かずだけ タイルに いろを ぬりましょう。

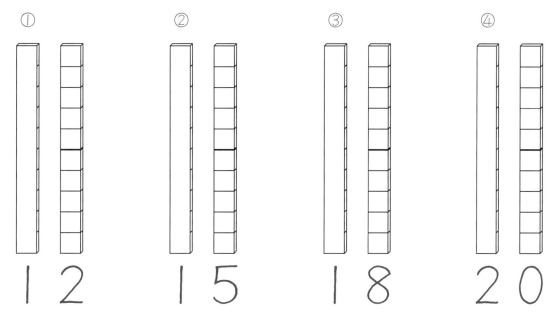

① 12　② 15　③ 18　④ 20

2. かずが おおきい ほうの ( )に ○を つけましょう。

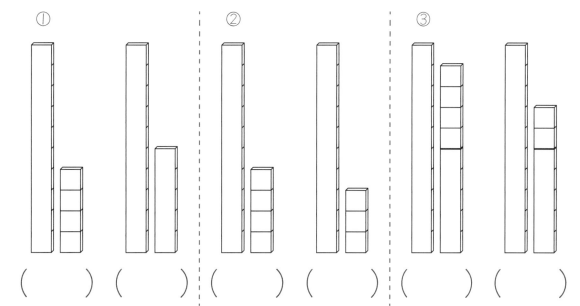

① (　) (　)　② (　) (　)　③ (　) (　)

● おうちの方へ

10のかたまりのタイルをしっかり確認させ、一の位のタイルは、ていねいに数えさせましょう。

【こたえ】21ページ・メモ

かたかな7

①は あかい ばんごうじゅんに ていねいに なぞります。②は ③の おてほんを みて かきます。つぎに ③を なぞります。④は しあげです。さいごに、したの ことばを かたかなで かきましょう。

おわったら いろぬりしよう

	④	③	②	①
ま		マ		マ
み		ミ		ミ
む		ム		ム
め		メ		メ
も		モ		モ

め
も

じゃ
む

● おうちの方へ

「マ」の字形が「ア」と同じにならないように気をつけましょう。「メ」は「ナ」と筆順が逆です。「モ」の2画目は、1画目より長く書きましょう。ひらがなの「も」と形は似ていますが、筆順はちがいます。

22

【21ページのこたえ】 1. ① 12 ② 15 ③ 18 ④ 20　2. ①（ ）（○） ②（○）（ ） ③（ ）（○）

20までの かず 4

□に かずを かきましょう。かいたら よみましょう。

① 10 と 2 で □

② 10 と 3 で □

③ 10 と 5 で □

④ 10 と 7 で □

⑤ 10 と 9 で □

⑥ 10 と 4 で □

⑦ 10 と 8 で □

⑧ 10 と 10 で □

● おうちの方へ ●

数を書いたら、「じゅう と に で、じゅうに」と声を出して読ませましょう。

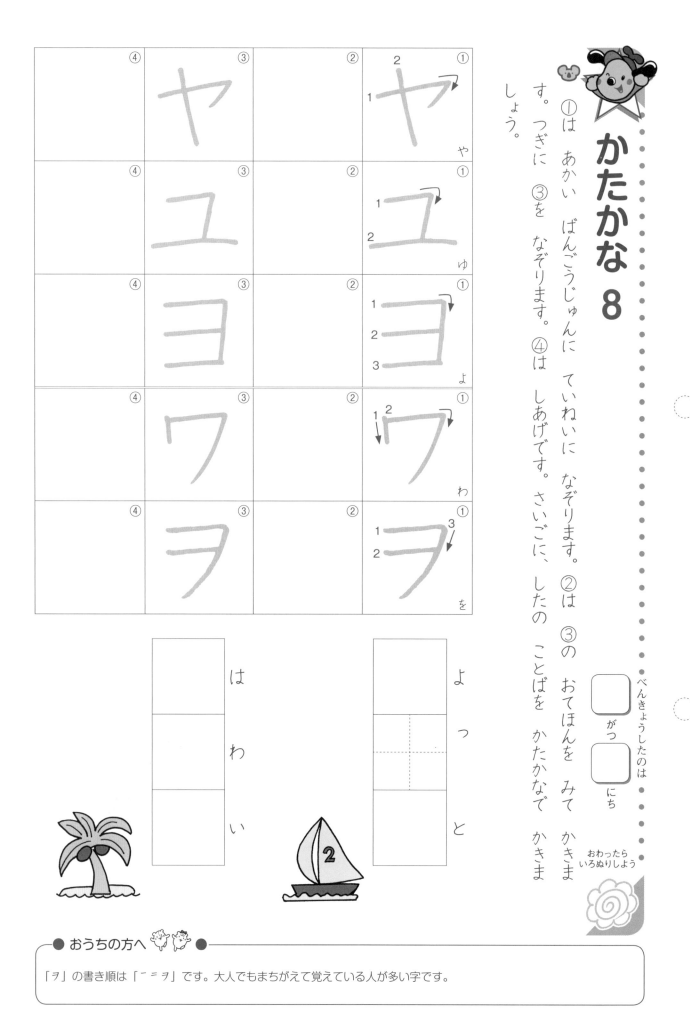

かたかな 8

①は あかい ばんごうじゅんに ていねいに なぞりま
す。つぎに ③を なぞります。②は ③の おてほんを みて かきま
しょう。④は しあげです。さいごに、したの ことばを かたかなで かきま
しょう。

④	③	②	①
	ヤ		ヤ や
	ユ		ユ ゆ
	ヨ		ヨ よ
	ワ		ワ わ
	ヲ		ヲ を

よっと

はわい

● おうちの方へ ●

「ヲ」の書き順は「¯ニヲ」です。大人でもまちがえて覚えている人が多い字です。

㉔

20までの かず 5

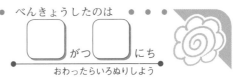

□に かずを かきましょう。かいたら よみましょう。

① 10 と □ で 13

② 10 と □ で 15

③ 10 と □ で 17

④ 10 と □ で 11

⑤ 10 と □ で 18

⑥ 10 と □ で 16

⑦ 10 と □ で 19

⑧ 10 と □ で 20

● おうちの方へ ●

数を書いたら、声に出してしっかり読ませましょう。

㉕

かたかな 9

①は あかい ばんごうじゅんに ていねいに なぞります。②は ③の おてほんを みて かきます。つぎに ③を なぞります。④は しあげです。さいごに、したの ことばを かたかなで かきましょう。

べんきょうしたのは

□ がつ □ にち

おわったら いろぬりしよう

④	③	②	①
	ラ		ラ ら
	リ		リ り
	ル		ル る
	レ		レ れ
	ロ		ロ ろ

り れ ー

れ っ と

る ー

● おうちの方へ ●

「ラ」とひらがなの「う」を混同しないように書きましょう。「ラ」は、2画目の曲がり角でしっかり止めてはらいます。

[25ページのこたえ]①3 ②5 ③7 ④1 ⑤8 ⑥6 ⑦9 ⑧10

20までの かず 6

🐨 ☐に かずを かきましょう。かいたら ☐の かずを よみましょう。

①
| 1 | | | | 5 | | |

| | | 10 | | | | |

| | 16 | | | | | |

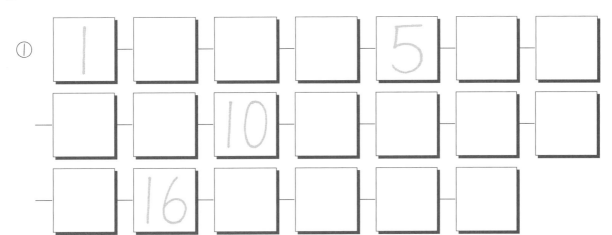

②
| 1 | 2 | 3 | 4 | | 6 | 7 |

| 8 | 9 | | 11 | 12 | 13 | 14 |

| | 16 | 17 | 18 | 19 | |

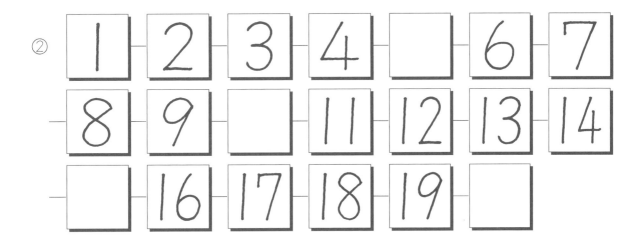

③
| 1 | | 3 | | 5 | | 7 |

| | 9 | | 11 | | 13 | |

| 15 | | 17 | | 19 | |

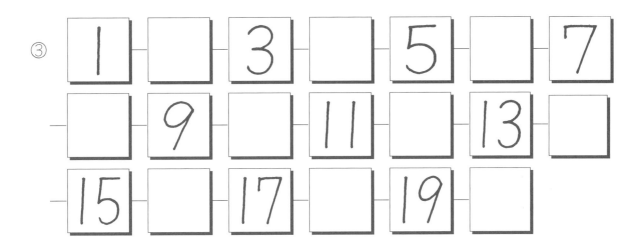

● おうちの方へ 🐕🐑 ●
数を唱える練習が少なくなっているこのごろです。①、②、③とも、しっかり声を出して読む練習をさせましょう。

[28ページのこたえ] 【マラソン・ランナー】スタート・ゴール

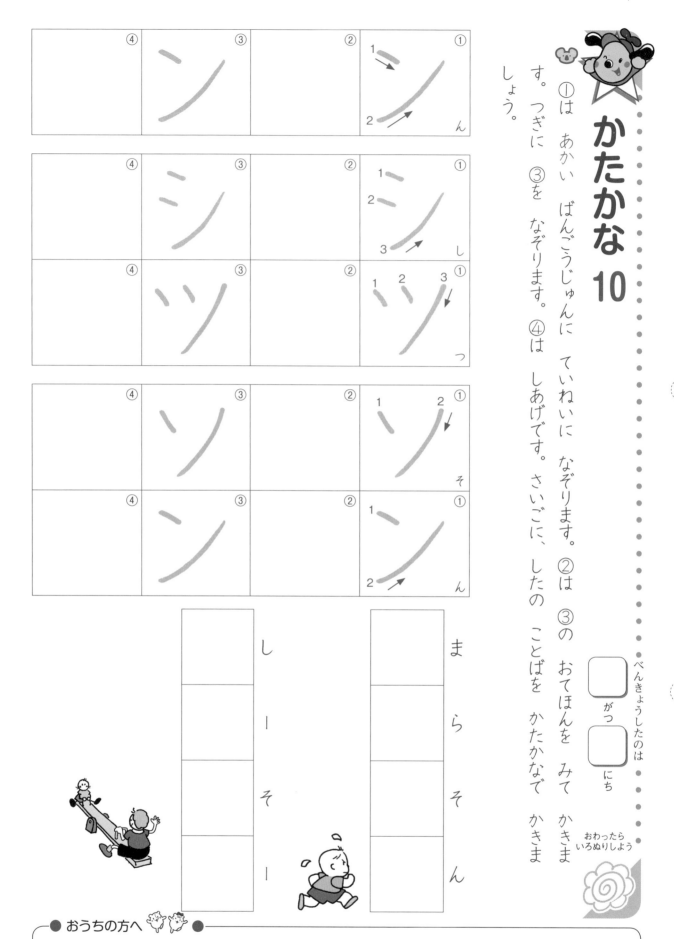

かたかな 10

①は あかい ばんごうじゅんに ていねいに なぞります。②は ③の おてほんを みて かきます。つぎに ③を なぞります。④は しあげです。さいごに、したの ことばを かたかなで かきましょう。

④	③	②	①
	ン		シ ん

④	③	②	①
	シ		シ し

④	③	②	①
	ツ		ツ つ

④	③	②	①
	ソ		ソ そ

④	③	②	①
	ン		ン ん

し
ｌ
そ
ｌ

ま
ら
そ
ん

● おうちの方へ ●

「ソ」と「ン」では2画目の方向がちがいます。「シ」と「ン」、「ツ」と「ソ」は、最終画のはらう向きが同じです。関連づけて覚えておきましょう。

【27ページのこたえ】
①1・2・3・4・5・6・7・8・9・10・11・12・13・14・15・16・17・18・19・20
②5・10・15・20 ③2・4・6・8・10・12・14・16・18・20

20までの かず 7

🐨 つぎの けいさんを しましょう。

① 11に 2を たした かず

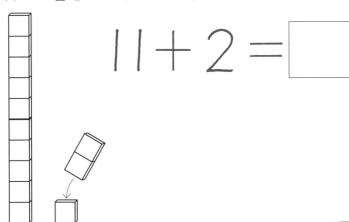

$$11 + 2 = \boxed{}$$

② $13 + 3 = \boxed{}$

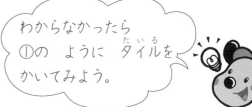

わからなかったら
①の ように タイルを
かいてみよう。

③ 16から 4を ひいた かず

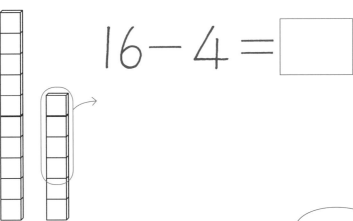

$$16 - 4 = \boxed{}$$

④ $17 - 3 = \boxed{}$

わからなかったら
③の ように タイルを
かいてみよう。

● おうちの方へ
大人にはとても簡単に思える問題ですが、子どもたちは2けたになるだけでむずかしく感じます。

【こたえ】①13 ②16 ③12 ④14 ⑤ ⑥ ⑦ [30ページのこたえ]

のばす おと

正しい ほうの かきかたに ○を つけましょう。

べんきょうしたのは

□ がつ □ にち

おわったら
いろぬりしよう

①
（あ）おとうと
（い）おとおと
は

②
（あ）こうえん
（い）こおえん
に いきました。

③
（あ）とうく
（い）とおく
から

④
（あ）おうかみ
（い）おおかみ
の こえが きこえた。

⑤
（あ）いもうと
（い）いもおと
は

⑥
（あ）おねいさん
（い）おねえさん
の いう

⑦
（あ）とうり
（い）とおり
に しました。

● おうちの方へ ●

お段をのばすとき、「う」と書かないで「お」と書く言葉があります。「とおくの おおきな こおりの うえを おおくの おおかみ とおずつ とおった」と覚えましょう。

㉚

【29ページのこたえ】①11+2＝13 ②13+3＝16 ③16−4＝12 ④17−3＝14

ながさ くらべ 1

1. どちらが　ながいでしょう。ながい　ほうの　（　）に　○を　しましょう。

① ほうき

ぁ　　　　　　　い

（　　　）　　（　　　）

② クレパス

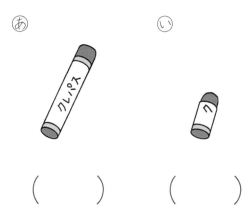

ぁ　　　　　　　い

（　　　）　　（　　　）

2. どちらが　ながいでしょう。ながい　ほうの　（　）に　○を　しましょう。

① えんぴつ

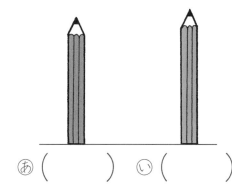

ぁ（　　　）　い（　　　）

② ひも

ぁ（　　　）

い（　　　）

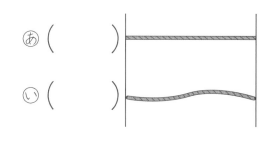

③ ほんの　たてと　よこ

ぁ たて（　　　）

い よこ（　　　）

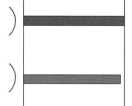

㉛

かたかな 11

ていねいに なぞりましょう。なぞった あと、こえを だして よみましょう。

べんきょうしたのは　[　]がつ　[　]にち

おわったら いろぬりしよう

パ	バ	ダ	ザ	ガ
ピ	ビ	ヂ	ジ	ギ
プ	ブ	ヅ	ズ	グ
ペ	ベ	デ	ゼ	ゲ
ポ	ボ	ド	ゾ	ゴ

わくから はみださない ように かこうね。

ミ	ヒ	ニ	チ	シ	キ
ャ	ャ	ャ	ャ	ャ	ャ
ミ	ヒ	ニ	チ	シ	キ
ュ	ュ	ュ	ュ	ュ	ュ
ミ	ヒ	ニ	チ	シ	キ
ョ	ョ	ョ	ョ	ョ	ョ

● おうちの方へ ●

「ヒューヒュー」「チュンチュン」など、物音や鳴き声を表すのにかたかなを使います。お子さんといっしょに言葉集めをしてみましょう。

【31ページのこたえ】1. ①き ②お ③か 2. ①げ ②く ③き

それぞれの へやの もようは、どんな かんじに なる
かな。ただしい かんじの かいて ある とびらを
ぬけて ドラキュラから にげだそう。

47ページに つづく。

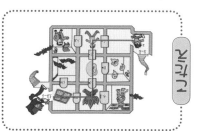

㉝

おまけ

●こたえが 6に なる カードの だいに いろを ぬりまし
ょう。どんな ことばに なるかな。

2+4		14-4	3+5
え	16-10	ぴ	つ
	ん		

9-3		2+5	6-1
そ	7-1	た	つ
	く		

34

ながさ くらべ 2

1. けいさんカードを つかって ながさくらべを しました。ながい ほうの ( )に ○を しましょう。

① ペンと えんぴつ

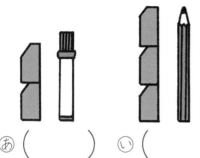

ⓐ ( )　ⓘ ( )

② えほんの たてと よこ

ⓐ たて
( )

ⓘ よこ
( )

2. あたらしい えんぴつで ながさくらべを しました。ながい ほうの ( )に ○を しましょう。

① つくえ

ⓐ ( )　せんせいの つくえは えんぴつ5ほんと すこし ありました。

ⓘ ( )　きょうとうせんせいの つくえは えんぴつ7ほんと すこし ありました。

② しんぶんし

ⓐ ( )　しんぶんしの たては えんぴつ3ぼんと すこし ありました。

ⓘ ( )　しんぶんしの よこは えんぴつ2ほんと すこし ありました。

● おうちの方へ ●

このページでは、共通の物を使って、それがいくつ分あるかで長さ比べをしています。家庭でも、軽くて細長い物を使って、いろいろな物の長さ比べをしてみるとおもしろいです。

㉟

かたかな 12

ていねいに なぞりましょう。なぞった あと、こえを だして よみましょう。

ピ	ビ	ヂ	ジ	ギ	リ
ャ	ャ	ャ	ャ	ャ	ャ
ピ	ビ	ヂ	ジ	ギ	リ
ュ	ュ	ュ	ュ	ュ	ュ
ピ	ビ	ヂ	ジ	ギ	リ
ョ	ョ	ョ	ョ	ョ	ョ

ピ	ビ	ジ	ジ	ギ	リ
ョ	ュ	ュ	ャ	ャ	ュ
ン	ー	ー	ン	ン	ッ
		ス	プ	グ	ク

べんきょうしたのは
□ がつ □ にち

おわったら いろぬりしよう

● おうちの方へ ●

小さい「ャ」「ュ」「ョ」の位置はマスの右上です。「゛」や「゜」の位置も意識させましょう。

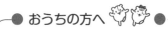

[35ページのこたえ] 1. ①⑦ ②② ②⑦ 2. ①⑦ ②②

ながさ くらべ 3

1. ますめ いくつぶんの ながさでしょう。

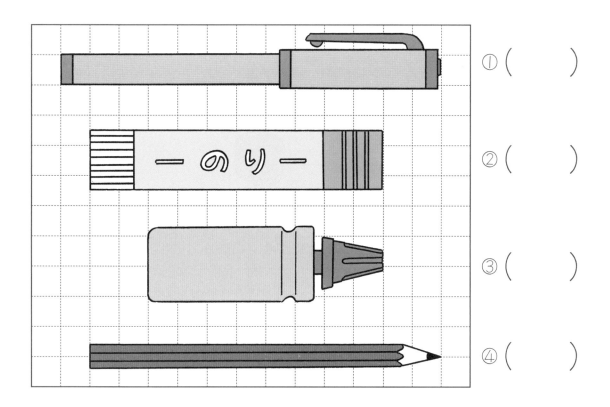

① (　　　)

② (　　　)

③ (　　　)

④ (　　　)

2. ながい じゅんに ばんごうを つけましょう。

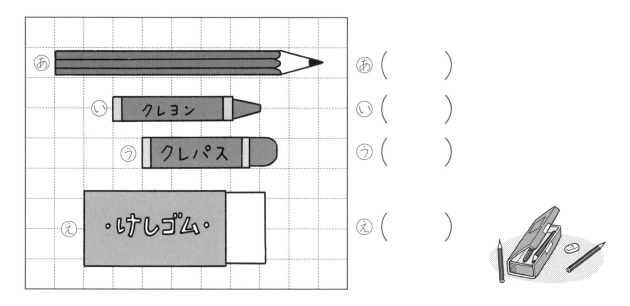

あ (　　　)

い (　　　)

う (　　　)

え (　　　)

● おうちの方へ

マス目の数で長さを比べます。2年生でcmやmmを学習する前段階の勉強です。

㊲

おてほんを みて みぎに かいたら、おてほんを ていねいに なぞりましょう。なぞった あと、こえを だして よみましょう。

べんきょうしたのは

□がつ □にち

おわったら いろぬりしよう

ラッパ

カステラ

カスタネット

ソックス

クリップ

ビスケット

クッキー

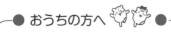

【37ページのこたえ】 1. ①13 ②10 ③8 ④12 2. ⑦1 ①3 ⑦4 ②2

ひろさと かさ 1

どちらが ひろいでしょう。ひろい ほうの （　　）に ○を しましょう。

①

あ（　　　）　　　　　い（　　　）

②

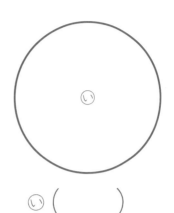

あ（　　　）　　　　　い（　　　）

③

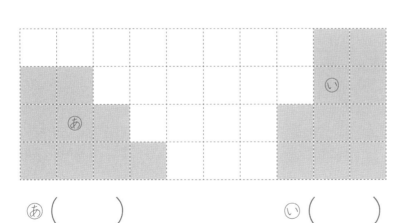

あ（　　　）　　　　　い（　　　）

● おうちの方へ

1年生の「ひろさとかさ」の勉強では、広さの単位やかさの単位は学習しません。見た目で比べたり、何かの別の物の数などで比べます。

かたかな 14

おてほんを みて みぎに かいたら、おてほんを ていねいに なぞりましょう。なぞった あと、こえを だして よみましょう。

べんきょうしたのは □がつ □にち

おわったら いろぬりしよう

ギター

ハーモニカ

チューリップ

パンジー

シュークリーム

コーラ

● おうちの方へ ●

かたかなでは、長くのばす音は「ー（音引き）」で表します。

【39ページのこたえ】①い ②あ ③い

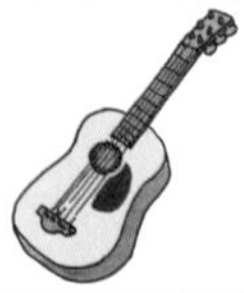

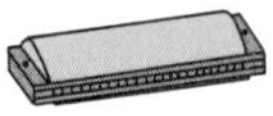

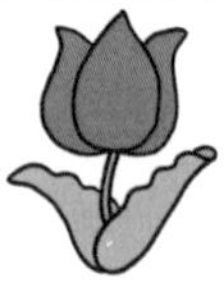

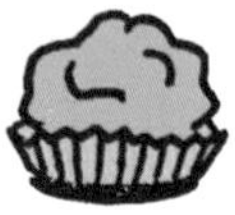

ひろさと かさ 2

🐨 どちらの みずの かさが おおいでしょう。かさが おおいほうの（　）
に ○を しましょう。

①

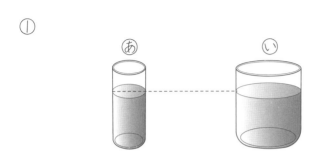

あ（　　　）　　い（　　　）

②

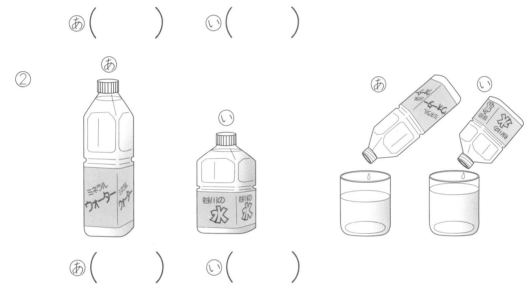

あ（　　　）　　い（　　　）

③

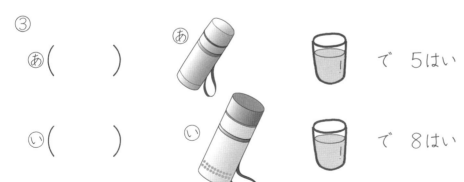

あ（　　　）　　あ　で 5はい

い（　　　）　　い　で 8はい

おてほんを みて みぎに かいたら、おてほんを ていねいに なぞりましょう。なぞった あと、こえを だして よみましょう。

べんきょうしたのは ［ ］がつ ［ ］にち

おわったら いろぬりしよう

イソップ

シンデレラ

シャツ

ランドセル

ドイツ

ハンバーガー

● おうちの方へ

外国からきた言葉や品物、外国の地名・人名などは、かたかなで書きます。広告のチラシやお店の看板からさがしてみましょう。

【41ページのこたえ】①し ②じ ③し

1. なんじでしょう。( ) に じこくを かきましょう。

①

( )

②

( )

③

( )

④  7:00

( )

⑤  10:00

( )

⑥ 12:00

( )

2. なんじ はん でしょう。( ) に じこくを かきましょう。

①  8:30

( )

②  10:30

( )

③  1:30

( )

④

( )

⑤

( )

⑥

( )

かたかな 16

おてほんを みて みぎに かいたら、おてほんを ていねいに なぞりましょう。なぞった あと、こえを だして よみましょう。

べんきょうしたのは

□ がつ □ にち

おわったら いろぬりしよう

	ブンブン		カーネーション		コアラ
			ショ		ラッ
	コケコッコー		ンバラ		バタン

 ● おうちの方へ ●

動物・植物の名前、物音や鳴き声などもかたかなで書きます。

【43ページのこたえ】 1. ①6じ ②9じ ③11じ ④7じ ⑤10じ ⑥12じ
2. ①8じはん ②10じはん ③1じはん ④1じはん ⑤5じはん ⑥10じはん

なんじ なんぷんでしょう。（　　）に じこくを かきましょう。

①

（　　　　　）

②

（　　　　　）

③

（　　　　　）

④

（　　　　　）

⑤

（　　　　　）

⑥

（　　　　　）

⑦

（　　　　　）

⑧

（　　　　　）

⑨

（　　　　　）

⑩

（　　　　　）

⑪

（　　　　　）

⑫

（　　　　　）

● おうちの方へ

（6：05）は6時5分で「0」は読みません。かけ算九九・5の段を勉強していない1年生にとって○時○分まで読むのはとてもむずかしいことです。補助の数を入れて少しずつ慣れさせるといいです。

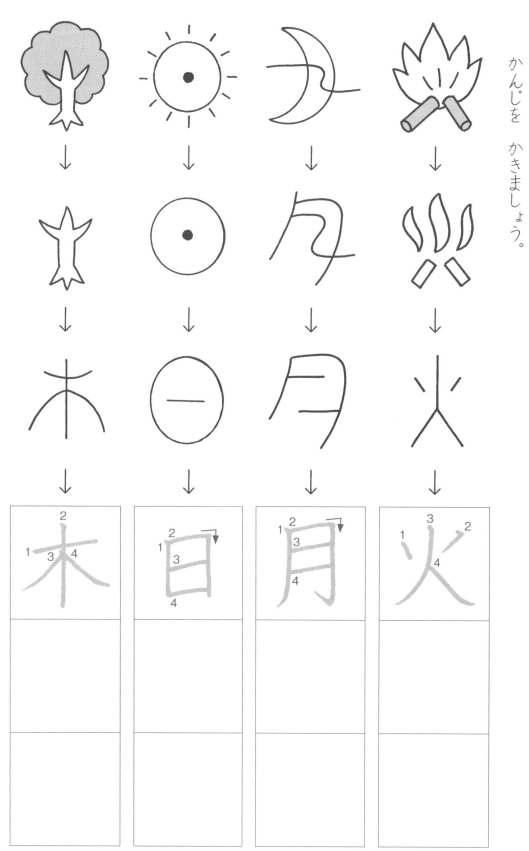

かたちから できた かんじ 1

かんじの なかには、ものの かたちから できた ものが あります。つぎの えから できた かんじを かきましょう。

べんきょうしたのは

□ がつ □ にち

おわったら
いろぬりしよう

● おうちの方へ ●

物の形からできた漢字を象形文字といいます。漢字のでき方やなりたちを知り、漢字に興味をもつようにしてあげましょう。

【45ページのこたえ】①6ひらがな ②8じ25ふん ③9じ45ふん ④8じ5ふん ⑤9じ45ふん ⑥12じ25ふん ⑦7じ3ふん ⑧5じ44ふん ⑨4じ39ふん ⑩7じ13ふん ⑪4じ54ふん ⑫2じ32ふん

とびらに　かいて　ある　ことばで　ぬけて　いる　かたかなは　どれかな？
(れい)のように、ぬけた　あなと　かたかなの　たまを　せんで　むすぼう。
ぜんぶ　はいれば　とびらが　ひらくよ。

(れい)

たまを　はめれば
いいんだね。

この　とびらの　むこうに
ドラキュラの　にがてな
ものが　かくされているよ！

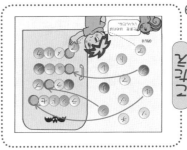

61ページに　つづく。

47

おまけ

●○ △ □に すきな いろを ぬりましょう。
　まる　さんかく　しかく

3つの かずの けいさん 1

1. かえるは ぜんぶで なんびきに なったでしょう。

かえるが 4ひき　　　2ひき　　　また 1ぴき
いました。　　　きました。　　　きました。

① 4ひき いて 2ひき きたから　　$4+2=6$

② また 1ぴき きたから　　$6+1=7$

③ これを 1つの しきに かくと

$4+2+1=$ ⑅ ☐　　まえから じゅんに
たして いきます。

6

$6+1=7$

こたえ ⑅ ☐ ひき

2. つぎの けいさんを しましょう。

① $1+3+2=$ ⑤ ☐

⑅ (　)

⑅ (　)

② $4+2+3=$ ⑤ ☐

⑅ (　)

⑅ (　)

かたちから できた かんじ 2

かんじの なかには、ものの かたちから できた ものが あります。つぎの えから できた かんじを かきましょう。

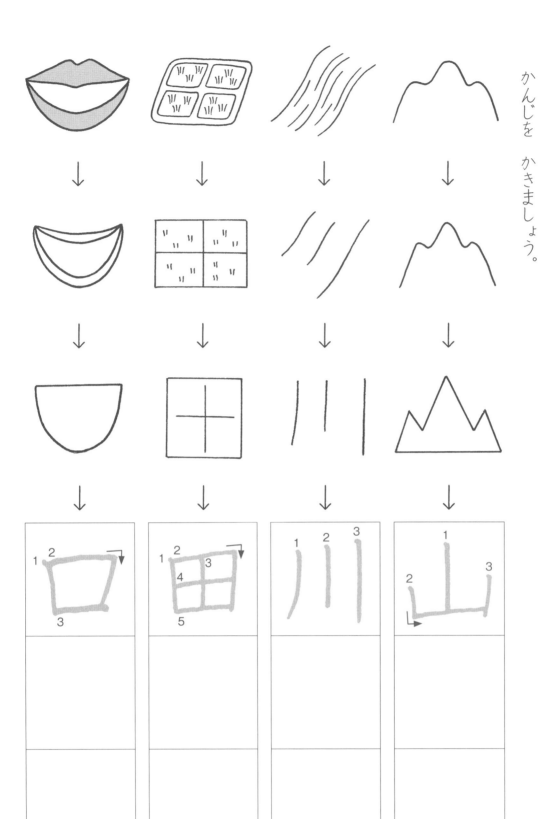

おわったら
いろぬりしよう

● おうちの方へ

ほかにも象形文字がたくさんあります。調べてみましょう。絵から字の形へと結びつきやすいのですが、筆順にも気をつけましょう。

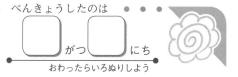

1. りんごが 8こ あります。3こ たべました。また 2こ たべました。
のこりは なんこでしょう。

① 8この うち 3こ たべたから　　$8-3=5$

② また 2こ たべたから　　$5-2=3$

③ これを 1つの しきに かくと

$8-3-2=^{(い)}\boxed{}$　　まえから じゅんに
けいさんします。

5

$5-2=^{(あ)}()$

こたえ $^{(う)}\boxed{}$ こ

2. つぎの けいさんを しましょう。

① $9-4-3=^{(い)}\boxed{}$

$^{(あ)}()$

② $7-1-4=^{(い)}\boxed{}$

$^{(あ)}()$

● おうちの方へ ●

ひき算だけの場合も、計算する順序を変えてもできますが、計算の順序を変えるのは、上の学年で学習します。また53
ページのように、順序を変えるとできない問題もあります。

かたかな 17

つぎの ことばを かたかなで かきましょう。

① どいつ

[　]

② ぶろっこりー

[　]

③ しーつ

[　]

④ ぺんぎん

[　]

⑤ かーねーしょん

[　]

⑥ ちょこれーとけーき

[　]

● おうちの方へ

外国からきた言葉や品物、外国の国名・地名・人名はかたかなで書きます。動物・植物の名前、物音や鳴き声もかたかな
で書きます。街の看板や広告のチラシからさがしてみましょう。

【51ページのこたえ】 1. ②③ ③ ③ 2. ①⑤ ①② ②⑥ ①②

3つの かずの けいさん 3

1. 金ぎょが 5ひき います。2ひき すくいました。あとで 3びき
もらいました。いま なんびき いるでしょう。

 ➡ 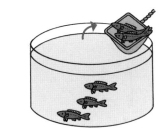 ➡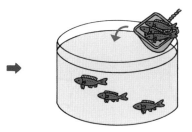

$$5-2+3=\text{う}\boxed{}$$

$5-2=\text{あ}()$

$3+3=\text{い}()$

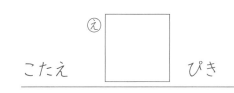

こたえ え□ ぴき

2. つぎの けいさんを しましょう。

① $8-2+3=$ ④ $7-2-1=$

② $3+4+2=$ ⑤ $3+4-5=$

③ $5-1+4=$ ⑥ $4+5-6=$

● おうちの方へ ●

たし算とひき算が混ざった場合、2.⑤⑥のように前から順に計算しなければできない場合があります。

（　）に よみがなを かきましょう。

べんきょうしたのは

□ がつ □ にち

おわったら
いろぬりしよう

① 大きな （　）（　）（　）
　木が 森や 林に。

② （　）（　）
　山の はしに （　）（　）
　　　　　赤い 夕日。

③ （　）（　）
　空に 出た （　）（　）
　　　　　まん円い 月。

④ （　）
　雨上がりの よい 天気（　）。

● おうちの方へ ●

「円」はお金の単位ですが、訓読みで「まる（い）」と読みます。球形を意味する「丸い」と区別しましょう。「上がる」
は「あがる」、「上る」は「のぼる」と読みます。

くり上がる たしざん 1

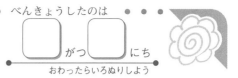

まえに ならった たしざん

1. くるまが 4だい とまって いました。あとから 2だい きました。
ぜんぶで なんだいに なりましたか。

しき

こたえ＿＿＿＿＿＿＿＿＿＿＿＿＿

これから ならう たしざん

2. ゆりさんは どんぐりを 8こ ひろいました。また 4こ ひろいました。

① ぜんぶで いくつに なるか けいさんの しきを かきましょう。

② どんぐりは 10こより おおく なりそうですか。

こたえ＿＿＿＿＿＿＿＿＿＿＿＿＿

● おうちの方へ

今までは、答えが10をこえる計算はありませんでした。ここで、8＋4は10より大きくなりそうだと気づくといいですね。**2.**の①はうすい数字をなぞらせます。

[56ページのこたえ ①大・大・大・大 ②小・小・小・中 ③左・右・右・左 ④右上・右下]

□に かん字を かきましょう。

① おお□きな □き が □もり や □はやし に。

② □やま の はしに □あか い □ゆうひ 。

③ □そら に □□ で た まん□まる い □つき 。

④ □あめ□あ がりの よい □てん□き 。

● おうちの方へ ●

「木」の4画目ははらいますが、「林」の4画目と「森」の8画目はとめます。「木」は「きへん」になると、右（つくり）が書きやすいように「とめ」になります。

【55ページのこたえ】 1. 4+2=6 6だい 2. ①8+4 ②おおくなりそう。

くり上がる たしざん 2

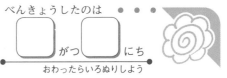
1. 55ページの **2.** の もんだいを かんがえましょう。

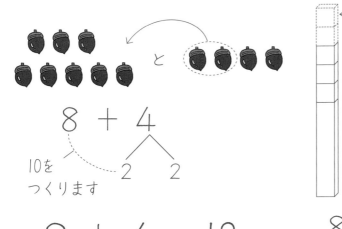

8 ＋ 4

10を
つくります
2　2

$8 + 4 = 12$

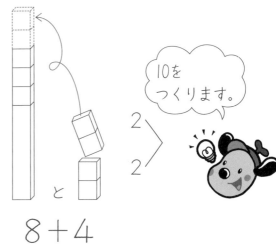

10を
つくります。
2
2

8＋4

こたえ　　　　　　　　こ

2. つぎの けいさんを しましょう。

① $8 + 3 =$

10 2 1

←
（1） 8と 2で 10
（2） 3から 2とって 1
（3） 10と 1で 11

② $8 + 5 =$

10 2 3

←
（1） 8と 2で 10
（2） 5から 2とって 3
（3） 10と 3で 13

③ $8 + 6 =$

10 ◯◯

─● **おうちの方へ** ●─

くり上がりのあるたし算は、まず「10」をつくることに着目します。 **2.** のやり方(1)～(3)を唱えながらするとよいでしょう。

【58ページのこたえ】①まち・むら・え・くき ②くじゅう・いっ・むし ③あめ・たけ・くろ・いし
④うい・いぬ・じしょう

かん字 3 よみ

（　）に よみがなを かきましょう。

べんきょうしたのは

□ がつ □ にち

おわったら
いろぬりしよう

① 町や 村で 田の 草とり。
（　）（　）（　）（　）

② 六十一ぴき 虫が いた。
（　）（　）（　）

③ 青い 竹と、まっ白い 石。
（　）（　）（　）

④ 小さい 犬と 女王さま。
（　）（　）（　）

● おうちの方へ ●

「王さま」は「おおさま」と書いてしまうまちがいがあります。「女王」は「じょうおう」ではなく、「じょおう」です。

くり上がる たしざん 3

べんきょうしたのは ☐ がつ ☐ にち
おわったらいろぬりしよう

1. つぎの けいさんを しましょう。

① $9 + 3 =$
10 ⌣ 1 ∧ 2

④ $9 + 6 =$
10 ⌣ ○ ∧ ○

② $9 + 4 =$
10 ⌣ 1 ∧ 3

⑤ $9 + 7 =$
∧

③ $9 + 5 =$
10 ⌣ 1 ∧ ○

2. つぎの けいさんを しましょう。

① $7 + 4 =$
10 ⌣ 3 ∧ 1

④ $7 + 7 =$
10 ⌣ ○ ∧ ○

② $7 + 5 =$
10 ⌣ 3 ∧ 2

⑤ $7 + 8 =$
∧

③ $7 + 6 =$
10 ⌣ 3 ∧ ○

● **おうちの方へ** 🐶🐶 ●

　1. ①の場合、たされる数の9を「10」のかたまりにするには1が必要になります。次にたす数の3から1をひいて2、10と2で12となります。

かん字 4 かき

□に かん字を かきましょう。

① まち[□]や、むら[□]の た[□]くさ とり。

② ろくじゅういっ[□]ぴき の む[□]し が いた。

③ あお[□]い たけ[□]と、まっ しろ[□]い いし[□]。

④ ちい[□]さい いぬ[□]と じょおう[□□]さま。

べんきょうしたのは [□]がつ [□]にち

おわったら いろぬりしよう

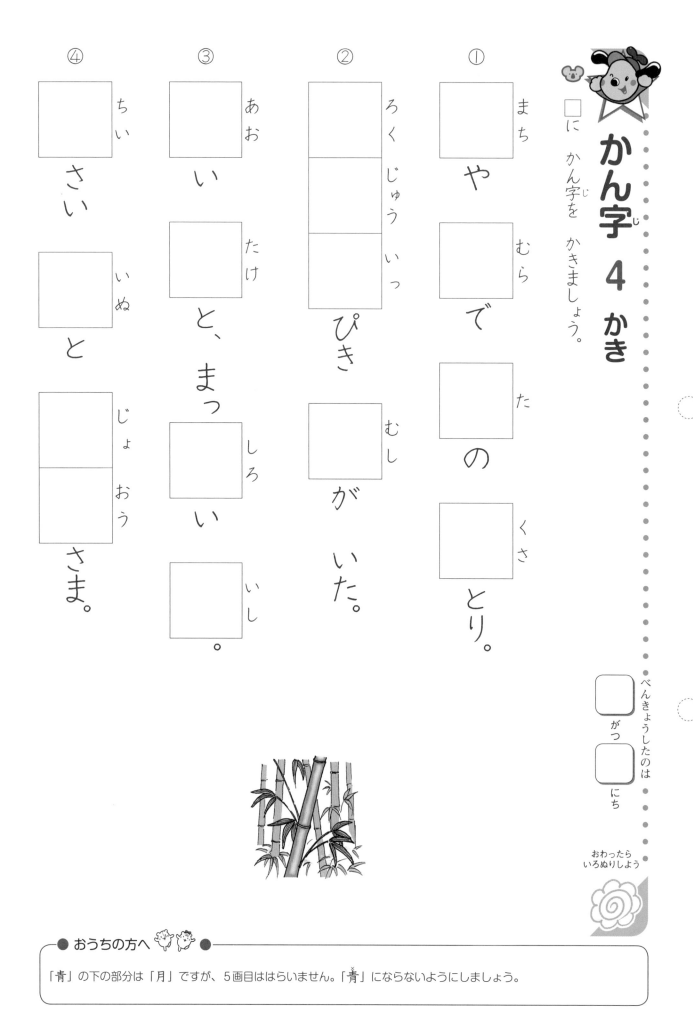

● おうちの方へ

「青」の下の部分は「月」ですが、5画目ははらいません。「青」にならないようにしましょう。

ナゾトキ☆クエスト

🦇 ドラキュラ へん

3 あの はこに ドラキュラの にがてな ものが はいっているのか！

2

1 いそいで！ ドラキュラが そこまで きているよ！

手・足・名・口・耳
入・三・四・学・山・
一・二・五・六・七
日・月・木・金・土
花・火・水・草・中
上・下・石・人・右・

① 一から 七までを かずが 大きくなる じゅんばんに せんで むすぼう。

② 日から 土までを よう日の じゅんばんに せんで むすぼう。

どんな かたちが でてきたかな？

うわぁ！ まいった！！

ふーっ たすかったぁ。

でてきた かたちを かこう！

これで どうだ！

75ページから さんすうだよ。

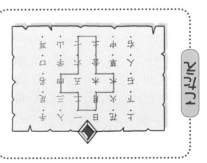

こたえ

61

● どんぐりひろいきょうそうを　しました。たくさん　ひろった
人が　かちです。だれが　ゆうしょうしたでしょう。

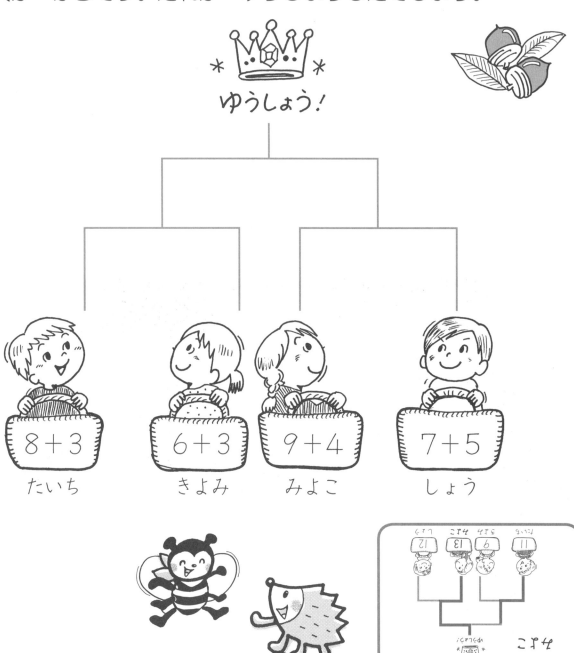

ゆうしょう！

8+3	6+3	9+4	7+5
たいち	きよみ	みよこ	しょう

62

くり上がる たしざん 4

1. つぎの けいさんを しましょう。

① $6 + 5 =$

　　　10╌╌4 ◯

③ $6 + 7 =$

② $6 + 6 =$

　　　10╌╌◯◯

④ $6 + 8 =$

2. つぎの けいさんを しましょう。

① $5 + 7 =$

　　　10╌╌5 2

③ $5 + 9 =$

② $5 + 8 =$

　　　10╌╌◯◯

④ $5 + 6 =$

3. つぎの けいさんを しましょう。

① $4 + 7 =$

　　　10╌╌6 1

③ $4 + 9 =$

② $4 + 8 =$

　　　10╌╌◯◯

おうちの方へ

6と4、5と5、4と6など10をつくる学習は前期でやりましたが、くり上がりのたし算では、それが基礎になります。
くり上がりがわかりにくいようでしたら、10づくりを復習させましょう。

【64ページのこたえ】①きゅう・かい・さい ②いくぶん・うき・おおくり ③でんき・わた・たす
④まん・おた・ひさ

（　）に よみがなを かきましょう。

べんきょうしたのは

☐ がつ ☐ にち

おわったら
いろぬりしよう

① 左右に（　）（　）貝の（　）耳かざり。

② 糸車に（　）（　）力を（　）入れる。

③ 男子が（　）川で（　）水あそび。

④ 金メダルで（　）目立つ（　）人。

● おうちの方へ ●

「車」（くるま）に詳しくする言葉「糸」がつくと「くるま」→「ぐるま」というふうに、濁音になります。「風車」（かざぐるま）「うば車」（うばぐるま）も同じ例です。

くり上がる たしざん 5

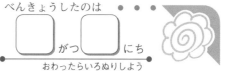
1. つぎの けいさんを しましょう。

① 3 + 7 =
7　0

④ 2 + 8 =
8　0

② 3 + 8 =

⑤ 2 + 9 =

③ 3 + 9 =

⑥ 1 + 9 =
0

2. つぎの けいさんを しましょう。

① 9 + 8 =

③ 7 + 3 =
0

② 8 + 7 =

④ 6 + 4 =
0

● おうちの方へ ●

3＋7、2＋8、1＋9など、そのまま10になる計算もくり上がりです。

⑥⑤

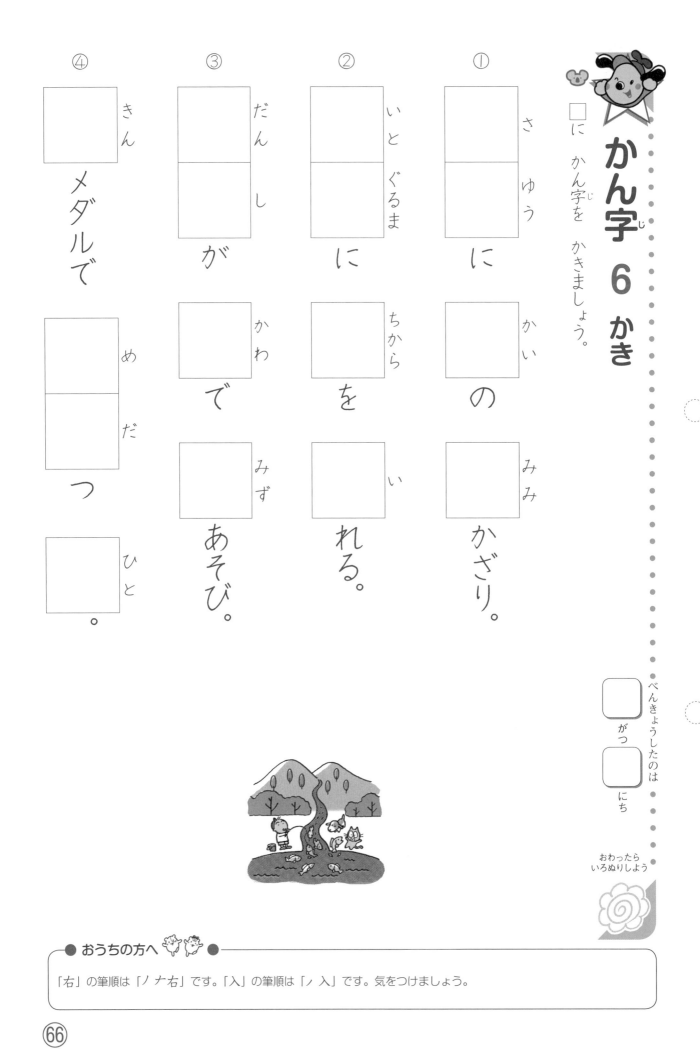

かん字 6 かき

□に かん字を かきましょう。

④

[きん] メダルで

[め][だ] つ [ひと] 。

③

[だん][し] が

[かわ] で

[みず] あそび。

②

[いとぐるま] に

[ちから] を

いれる。

①

[さゆう] の

[みみ] かざり。

【65ページのこたえ】 1. ①10 ②11 ③12 ④10 ⑤11 ⑥10 2. ①17 ②15 ③10 ④10

くり上がる たしざん 6

🐨 つぎの けいさんを しましょう。

① 9 + 2 =

⑥ 7 + 9 =

② 9 + 3 =

⑦ 8 + 8 =

③ 8 + 3 =

⑧ 8 + 9 =

④ 8 + 4 =

⑨ 9 + 8 =

⑤ 7 + 8 =

⑩ 9 + 9 =

● おうちの方へ 🐾🐾 ●

7、8、9にたしてくり上がる計算を集めました。9であれば1、8であれば2のように10になる数を見つけるようにさせましょう。

[68ページのこたえ]① はちまん・おく・ひゃく ② せんすい・はやまし・せんせい ③ぼうし・いん・た・じ
④そと・ふん・ぶんめい

かん字 7 よみ

べんきょうしたのは

□ がつ □ にち

おわったら
いろぬりしよう

（　）に よみがなを かきましょう。

① 花火の（　）（　）音が 百ぱつも。

② 先生は（　）（　）早足で あるく。

③ 手本を（　）（　）見て 字を かく。

④ 正しい（　）（　）文は 四名だけ。

● おうちの方へ ●

「百」（ひゃく）は下につく数える単位によって「ひゃっ」とつまることがあります。「百ぴき」（ひゃっぴき）「百本」（ひゃっぽん）などもそうです。

⑱

[67ページのこたえ] ①11 ②12 ③11 ④12 ⑤15 ⑥16 ⑦16 ⑧15 ⑨17 ⑩18

くり上がる たしざん 7

べんきょうしたのは ☐ がつ ☐ にち
おわったらいろぬりしよう

🐨 つぎの けいさんを しましょう。

① $5 + 6 =$　　　　⑥ $7 + 6 =$

② $7 + 7 =$　　　　⑦ $6 + 8 =$

③ $6 + 9 =$　　　　⑧ $5 + 7 =$

④ $7 + 4 =$　　　　⑨ $6 + 6 =$

⑤ $6 + 5 =$　　　　⑩ $7 + 5 =$

● おうちの方へ 🐾🐾 ●

5、6、7にたしてくり上がる計算です。ばらばらに出題しています。ばらばらになると少し時間がかかるようになりますが、正確さが大事です。

⑥⑨

□に かん字を かきましょう。

べんきょうしたのは

□ がつ □ にち

おわったら
いろぬりしよう

① はな び □□ の □ おと が □ ひゃっ ぱつも。

② せん せい □□ は □□ はや あし で あるく。

③ □□ て ほん を □ み て □ じ を かく。

④ □ ただ しい □ ぶん は □□ よん めい だけ。

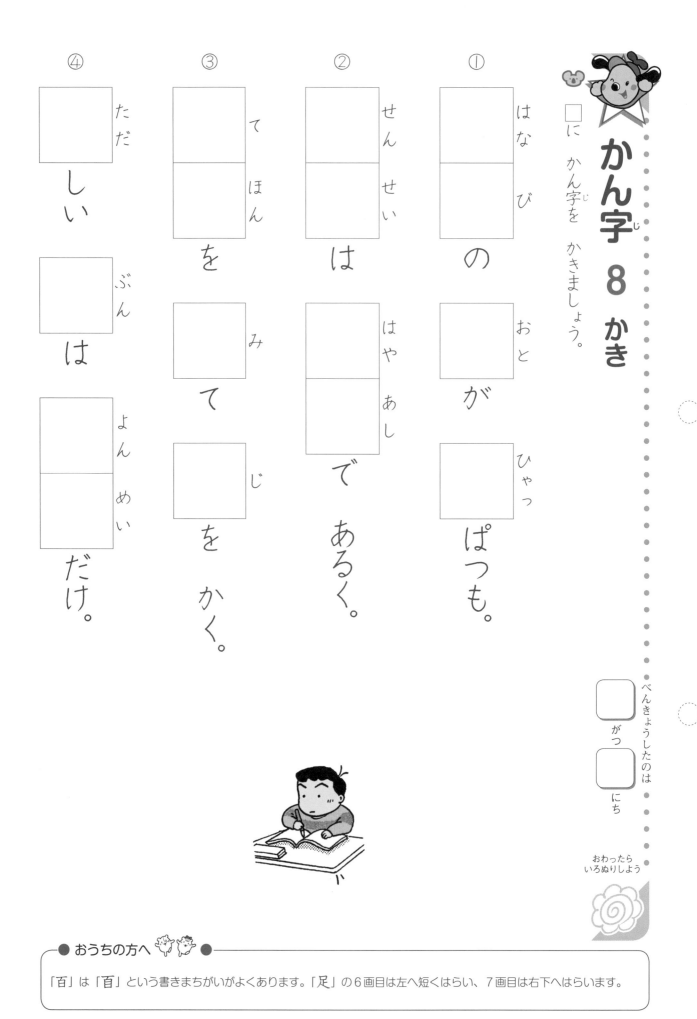

くり上がる たしざん 8

べんきょうしたのは ☐ がつ ☐ にち
おわったらいろぬりしよう

🐨 つぎの けいさんを しましょう。

① $9 + 6 =$

② $7 + 5 =$

③ $8 + 6 =$

④ $9 + 8 =$

⑤ $6 + 6 =$

⑥ $5 + 8 =$

⑦ $4 + 7 =$

⑧ $8 + 3 =$

⑨ $7 + 8 =$

⑩ $6 + 7 =$

⑪ $9 + 5 =$

⑫ $5 + 6 =$

⑬ $8 + 4 =$

⑭ $7 + 7 =$

⑮ $6 + 9 =$

● おうちの方へ ●

くり上がりがあるたし算は全部で45題あります。それを「くり上がる たしざん 8〜10」で出題します。ゆっくりでいいですので、正しくできているか確かめてください。

【72ページのこたえ】① にほんきゅうちゅうえん・う ② え・がつこうえん・こ ③ しぼうじんいん・え
④くう・かぶ・がり・だま

（ ）に よみがなを かきましょう。

① 二千九年に、あにが （ ） 生まれた。

② （ ）土よう、（ ）学校は 休み。

③ 七五三で あたまを （ ）下げる。

④ りゅうの 口の 中には 八つの （ ）（ ）玉。

● おうちの方へ ●

「下げる」は 「さげる」と読み、「下る」は 「くだる」と読みます。「下」はたくさんの読み方がある漢字の一つです。

くり上がる たしざん 9

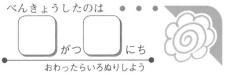

べんきょうしたのは

□がつ □にち

おわったらいろぬりしよう

🐨 つぎの けいさんを しましょう。

① 8 + 2 =

② 6 + 5 =

③ 9 + 9 =

④ 8 + 5 =

⑤ 7 + 6 =

⑥ 3 + 8 =

⑦ 5 + 9 =

⑧ 9 + 3 =

⑨ 5 + 5 =

⑩ 8 + 7 =

⑪ 4 + 8 =

⑫ 3 + 9 =

⑬ 9 + 1 =

⑭ 6 + 4 =

⑮ 7 + 9 =

● おうちの方へ ●

たされる数が７のときが苦手だとか、たす数が６のときによくまちがえるなど、苦手な数はありませんか。苦手を１年生で作らないよう何度も練習し、克服させましょう。

⑦3

かん字 10 かき

□に かん字を かきましょう。

べんきょうしたのは [　]がつ [　]にち
おわったら いろぬりしよう

① に[　]せんきゅうねん に、あにが [　]う まれた。

② ど[　]よう、[　][　]がっこう は[　]やす み。

③ しち[　][　]ごさん で あたまを [　]さ げる。

④ りゅうの [　]くち の [　]なか には [　]やっ つの [　]たま 。

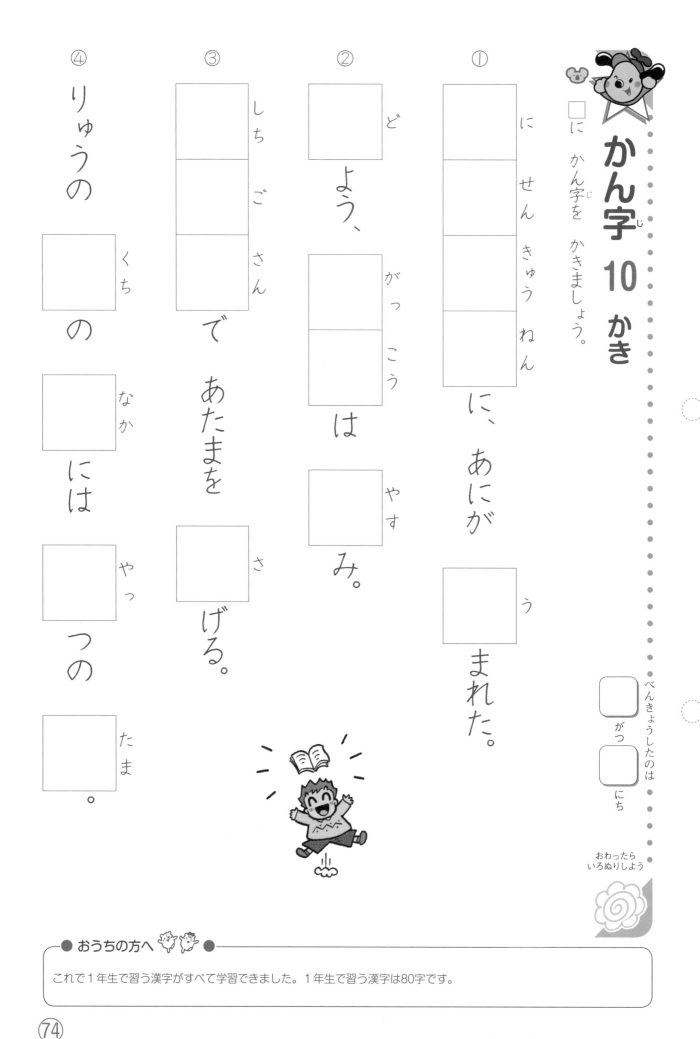

● おうちの方へ

これで1年生で習う漢字がすべて学習できました。1年生で習う漢字は80字です。

【73ページのこたえ】①10 ②11 ③18 ④13 ⑤13 ⑥11 ⑦14 ⑧12 ⑨10 ⑩15 ⑪15 ⑫12 ⑬10 ⑭10 ⑮16

ナゾトキ☆クエスト ★にんじゃ へん

にんじゅつしゅぎょうに
いってきま〜す。

みんなの はなしを きいて じゅずの もちぬしを あてよう。
●と ●を せんで むすぶのじゃ。もちぬしが わかれば
にゅうがくを ゆるしてやるぞ！

じゅずだまが 11こで
できているのが
わたしのです。

のばすと

おいらのは
じゅずだま 13こ
ついてるんだぜ！

いちばん ながい
のが、ぼくのです。

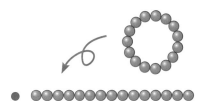

89ページに つづく。

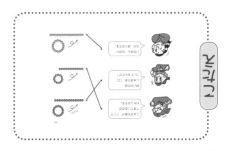

おまけ

● まちがえて、ひとつの もじだけ ひらがなで
かいてしまいました。ただしく、かきなおしましょう。

〈れい〉 バ~~ザ~~ナナ

アめリカ  ゴリら

ロボっト ハイキんグ

ジュース マすク

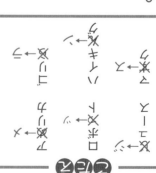

くり上がる たしざん 10

🐨 つぎの けいさんを しましょう。

① $9 + 2 =$

② $8 + 8 =$

③ $4 + 6 =$

④ $2 + 9 =$

⑤ $3 + 7 =$

⑥ $6 + 8 =$

⑦ $7 + 4 =$

⑧ $5 + 7 =$

⑨ $8 + 9 =$

⑩ $7 + 3 =$

⑪ $4 + 9 =$

⑫ $9 + 7 =$

⑬ $1 + 9 =$

⑭ $9 + 4 =$

⑮ $2 + 8 =$

（ ）に よみがなを かきましょう。

べんきょうしたのは □がつ □にち

おわったら いろぬりしよう

① 一日（　） 二日（　） 三日（　） 四日（　）

② 五日（　） 六日（　） 七日（　） 八日（　）

③ 九日（　） 十日（　） 二十日（　）

④ 一年は（　） 三百六十五日（　）。

⑤ あねが うまれた年は（　） 二千年。

● おうちの方へ ●

漢数字「一〜十」は、日付になると「ついたち・ふつか・はつか」は特別な読み方になります。カレンダーを見ながら「ついたち、ふつか、…」と言ってみるのもいいですね。

くり下がる ひきざん 1

まえに ならった ひきざん

1. あめが 5こ あります。2こ たべました。のこりは なんこに なりますか。

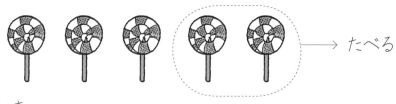

→ たべる

しき

こたえ _____

これから ならう ひきざん

2. けいくんは どんぐりを 13こ ひろいました。おとうとに 7こ あげました。

→ 7こ あげる

① しきを かきましょう。

13-7

② どんぐりは 10こより おおく のこりそうですか。

こたえ _____

● おうちの方へ

今までは、くり下がりのないひき算をしてきました。**2.** の問題の一の位の数を見て、「今までの勉強とちがうな」ということに気づいたらよいでしょう。**2.**の①はうすい数字をなぞらせます。

かん字 12 日にち

□に かん字を かきましょう。

① ついたち

□□

ふつか

□□

みっか

□□

ようか

□□

② いつか

□□

むいか

□□

なのか

□□

ようか

□□

③ ここのか

□□

とおか

□□

はつか

□□

④ いちねん

□□

さんびゃくろくじゅうごにち

□□□□□□

⑤ あねが うまれた とし は

□

にせんねん

□□□。

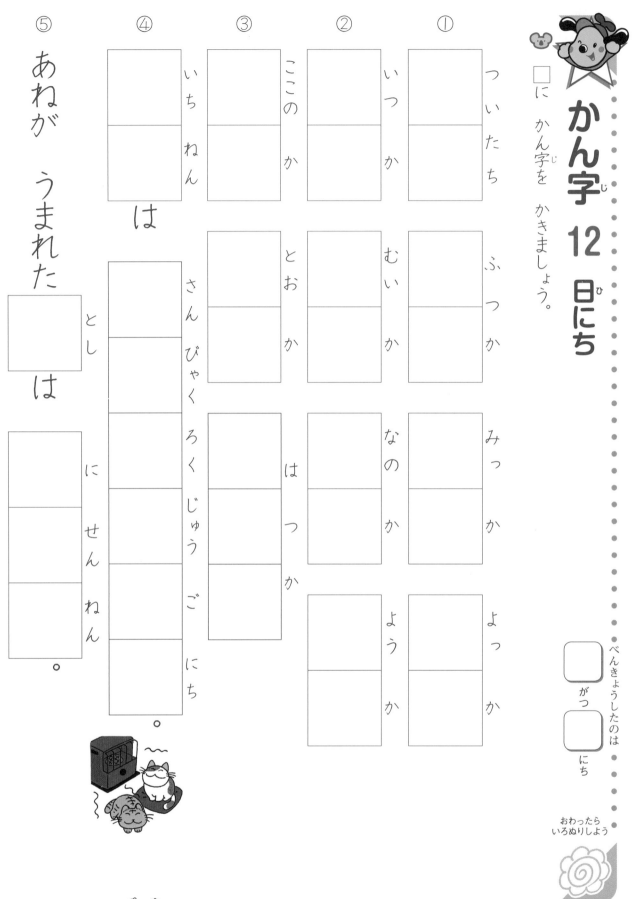

● おうちの方へ ●

「一日、二日、三日、…」と順に書くことはできても、突然「ようか」「はつか」と言われると、最初はとまどうでしょう。何度かやっているうちに慣れてきます。

【97ページのこたえ】 1. 5−2＝3 3こ
2. ①13−7 ②いいえ (10ぴきから なくなりそう)

くり下がる ひきざん 2

1. まえの ページの **2.** の もんだいを かんがえましょう。

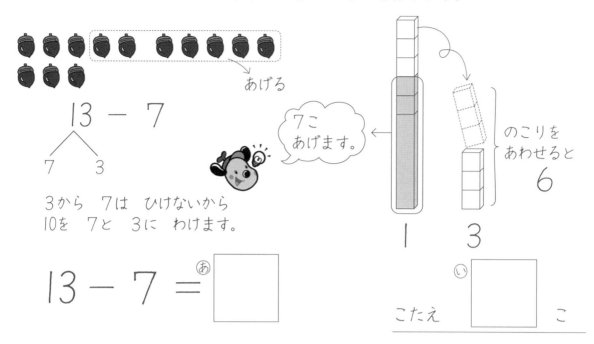

あげる

13 − 7

7   3

3から 7は ひけないから
10を 7と 3に わけます。

7こ あげます。

のこりを あわせると 6

1   3

13 − 7 = ⒜□

こたえ ⒤□ こ

2. つぎの けいさんを しましょう。

① 14 − 7 =
7 と 3

← ｛(1) 4から 7は ひけません。
(2) 10ひく 7は 3
(3) 4と 3で 7

② 15 − 7 =
7

← ｛(1) 5から 7は ひけません。
(2) 10ひく 7は 3
(3) 5と 3で □

③ 16 − 7 =

───● おうちの方へ ●───

14−7の場合、「4から7はひけない」ことがわかったら、次は十の位をくずすというふうに考えます。たまに「7−4」なら知っていると、後ろの数から前の数をひく子がいます。要注意です。

かん字 13 からだ

□に かん字を かきましょう。

① おとこ
② こ
③ おんな
④ の こ

⑤ め
⑥ みみ
⑦ くち
⑧ て
⑨ あし

べんきょうしたのは

□ がつ □ にち

おわったら
いろぬりしよう

● おうちの方へ ●

漢字を仲間に分けて覚えましょう。「あく手している手だね」などと、絵を見てちがう読み方も関連づけて覚えるとよいでしょう。

くり下がる ひきざん 3

べんきょうしたのは □がつ □にち
おわったらいろぬりしよう

1. つぎの けいさんを しましょう。

① $13 - 9 =$
  9 と 1

④ $16 - 9 =$
  9 ◯

② $14 - 9 =$
  9 1

⑤ $17 - 9 =$

③ $15 - 9 =$
  9 ◯

2. つぎの けいさんを しましょう。

① $11 - 8 =$
  8 と 2

④ $14 - 8 =$
  8 ◯

② $12 - 8 =$
  8 2

⑤ $15 - 8 =$

③ $13 - 8 =$
  8 ◯

● おうちの方へ

まず一の位の数からひけないことを確かめて、10からその数をひきます。そして残った数と一の位の数をたして答えを出します。「13−8」を「8−3」とする子がいます。答えはどちらも「5」になります。14−9、12−7、11−6も同様です。注意しましょう。

(83)

かん字 14 学校(がっこう)

□に かん字を かきましょう。

べんきょうしたのは

□ がつ □ にち

① がっこう □□

② ほん □ を よむ。

③ せんせい □□

④ な □ まえを よぶ。

⑤ ただ □ しい　じ □

⑥ いちねんせい □□□

おわったら いろぬりしよう

● おうちの方へ

なじみの深い漢字ばかりです。すぐに思い出せましたか。

【83ページのこたえ】1.①4 ②5 ③6 ④7 ⑤8 2.①3 ②4 ③5 ④6 ⑤7

くり下がる ひきざん 4

1. つぎの けいさんを しましょう。

① $15 - 6 =$

6 ◯

② $14 - 6 =$

6 ◯

③ $13 - 6 =$

2. つぎの けいさんを しましょう。

① $12 - 5 =$

5 ◯

② $13 - 5 =$

5 ◯

③ $14 - 5 =$

3. つぎの けいさんを しましょう。

① $11 - 4 =$

4 ◯

② $12 - 4 =$

4 ◯

③ $13 - 4 =$

● **おうちの方へ**

6、5、4をひく計算です。10を「6と4」「5と5」「4と6」に分けることがポイントです。

⑧⑤

□に かん字を かきましょう。

① あめ

② た

③ やま

④ もり

⑤ そら

⑥ はやし

⑦ むし

⑧ くさ

⑨ いし

⑩ つち

⑪ き

⑫ はな

べんきょうしたのは

□ がつ □ にち

おわったら
いろぬりしよう

● おうちの方へ ●

自然に関する漢字では、ほかに「日・月・水・竹・貝・天」などがあります。それらの漢字を使って言葉を作ってみ
ましょう。

【85ページのこたえ】 1. ①9 ②8 ③7 2. ①7 ②8 ③9 3. ①7 ②8 ③9

くり下がる ひきざん 5

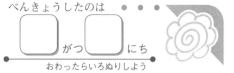
1. つぎの けいさんを しましょう。

① 10 − 3 ＝
　3 ◯

④ 11 − 2 ＝
　2 ◯

② 11 − 3 ＝
　3 ◯

⑤ 10 − 2 ＝

③ 12 − 3 ＝

⑥ 10 − 1 ＝

2. つぎの けいさんを しましょう。

① 10 − 9 ＝

③ 12 − 6 ＝

② 11 − 5 ＝

④ 13 − 8 ＝

● おうちの方へ ●

1.で、くり下がりのあるひき算を順に出題しました。2.は、ひく数をばらばらにして出題しました。ゆっくりやらせましょう。

【88ページのこたえ】①5ゆ ②7ど ③9つ ④3て ⑤8な ⑥6ま ⑦4ち ⑧2り ⑨1き ⑩9ん ⑪5み ⑫7人

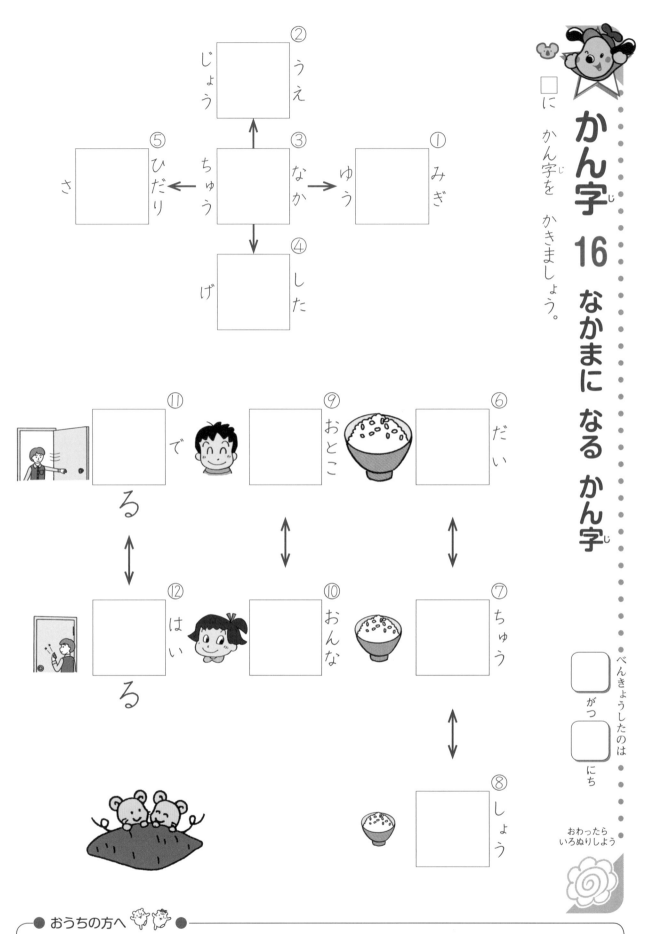

かん字16 なかまに なる かん字

□に かん字を かきましょう。

① みぎ
② うえ
③ なか
④ した
⑤ ひだり さ
⑥ だい
⑦ ちゅう
⑧ しょう
⑨ おとこ
⑩ おんな
⑪ でる
⑫ はいる

べんきょうしたのは

□がつ □にち

おわったら いろぬりしよう

● おうちの方へ ●

「出口」と「入り口」、「男子」と「女子」、「右手」と「左手」というように、熟語を作ることもできます。また「男女」「大小」のように、反対の意味の漢字を組み合わせた熟語もあります。

88

【87ページのこたえ】1. ①7 ②8 ③9 ④9 ⑤8 ⑥9 ⑦1 2. ①5 ②6 ③6 ④5

ナゾトキ☆クエスト ☆にんじゃ へん

すうじを たすと 18に なるように 3つの 石を とおって いけを わたろう。

これが、さいごの しけんじゃ。

たして、18に するんだ！

ぜんぶで 18 ← 7 ← 9 ← 2 （れい）スタート

カラスてんぐ!?

ひめーっ!!

ありがとうございます。

ごうかくおめでとう!!

103ページに つづく。

89

おまけ

●まちがいは どこかな？ 正しい かん字を かきましょう。

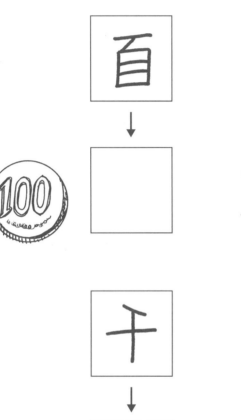

百 →

□

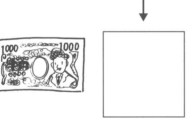

（100）

千 →

□

（1000）

史 →

□

天 →

□

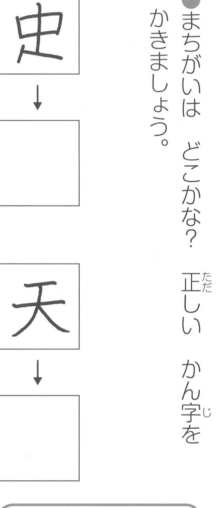

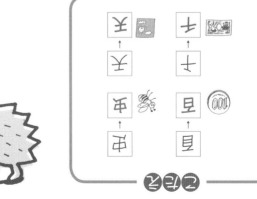

90

🐨 つぎの　けいさんを　しましょう。

① 18 − 9 =　　　　　　⑥ 10 − 8 =

② 11 − 9 =　　　　　　⑦ 10 − 9 =

③ 12 − 9 =　　　　　　⑧ 12 − 7 =

④ 16 − 8 =　　　　　　⑨ 11 − 7 =

⑤ 17 − 8 =　　　　　　⑩ 10 − 7 =

● おうちの方へ ●

ひく数が9、8、7の計算を集めました。ひく数が大きいとむずかしいように感じる子がいますが、9をひくときは、「10−9＝1」なので、一の位に1をたすことに気づかせるとよいでしょう。

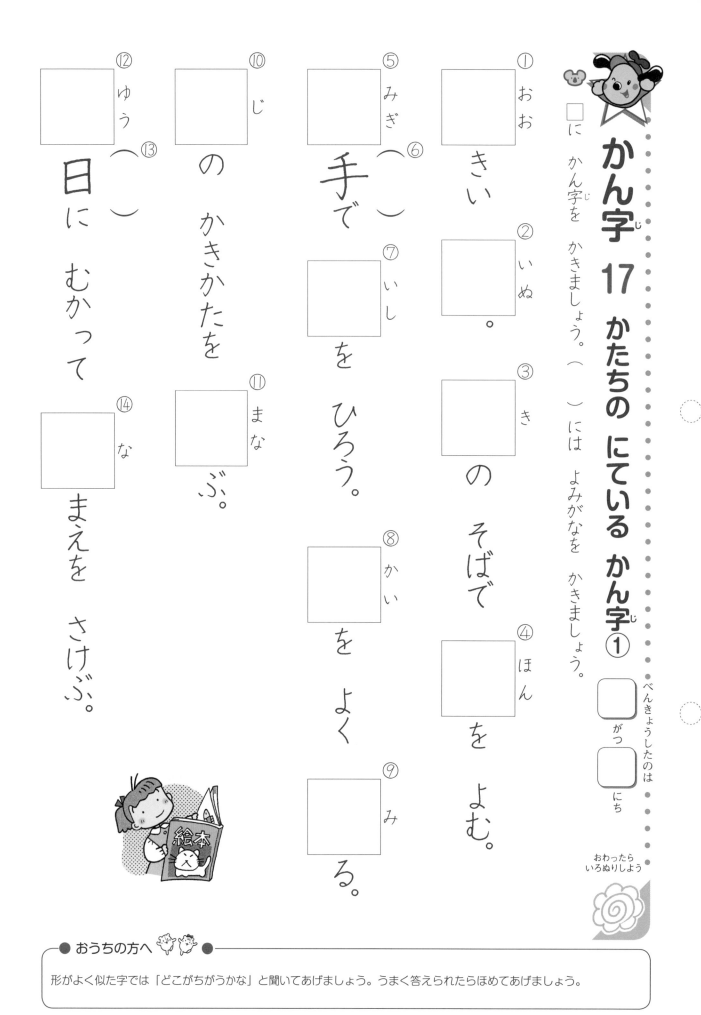

かん字 17 かたちの にている かん字①

□に かん字を かきましょう。（ ）には よみがなを かきましょう。

① □ おお きい 。

② □ いぬ 。

③ □ き の そばで

④ □ ほん を よむ。

⑤ □ みぎ

⑥（ ） て で

⑦ □ いし を ひろう。

⑧ □ かい を よく

⑨ □ み る。

⑩ □ じ の かきかたを

⑪ □ まな ぶ。

⑫ □ ゆう

⑬（ ） 日に むかって

⑭ □ な まえを さけぶ。

おわったら
いろぬりしよう

● おうちの方へ ●

形がよく似た字では「どこがちがうかな」と聞いてあげましょう。うまく答えられたらほめてあげましょう。

くり下がる ひきざん 7

つぎの けいさんを しましょう。

① $14 - 6 =$

② $12 - 5 =$

③ $13 - 6 =$

④ $11 - 5 =$

⑤ $13 - 4 =$

⑥ $10 - 3 =$

⑦ $10 - 5 =$

⑧ $11 - 3 =$

⑨ $10 - 2 =$

⑩ $11 - 6 =$

● おうちの方へ

特定の数の計算のときにまちがったり、時間がかかったりすることはありませんか。そんなときは何度も練習させましょう。

□に かん字を かきましょう。（　）には よみがなを かきましょう。

べんきょうしたのは □がつ □にち

おわったら
いろぬりしよう

① ひと □ が

② はい □ りました。

たくさんの

③ お □ さまを、じかに

④ め □ で

⑤ み □ ては いけない。

⑥ しろ □ い はたを

⑦ ひゃく □

⑧（　）⑨（　）本、立てる。

⑩ おう □ さまの たからの

⑪ たま □ 。

⑫ むし □ は かごの

⑬ なか □ 。

● おうちの方へ ●
どこがちがうかを意識させることで、まちがうことも少なくなります。⑧は「ほん」が「ぽん」になることに気づかせましょう。

くり下がる　ひきざん **8**

つぎの　けいさんを　しましょう。

① 13 − 6 =

② 10 − 4 =

③ 11 − 3 =

④ 13 − 9 =

⑤ 16 − 7 =

⑥ 15 − 8 =

⑦ 11 − 2 =

⑧ 18 − 9 =

⑨ 12 − 7 =

⑩ 10 − 6 =

⑪ 11 − 9 =

⑫ 16 − 8 =

⑬ 10 − 1 =

⑭ 11 − 5 =

⑮ 12 − 9 =

● おうちの方へ ●

くり下がりがあるひき算は全部で45題あります。「くり下がる　ひきざん 8 〜 10」で全部出題します。

[96ページのこたえ] ①しょう ②れい ③けい ④しょう ⑤こう ⑥はい ⑦い ⑧ちょう ⑨う ⑩なみ ⑪まど ⑫日

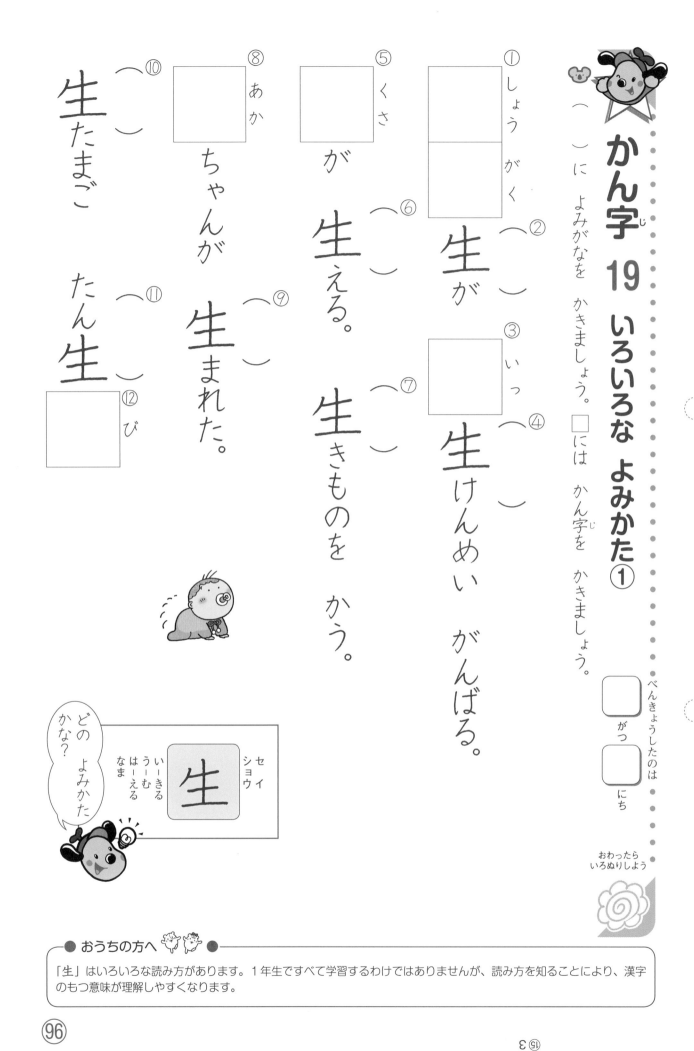

べんきょうしたのは

□ がつ □ にち

おわったら
いろぬりしよう

（　）に よみがなを かきましょう。□には かん字を かきましょう。

① □□ しょうがく

② 生が（　）

③ □ いっ

④ 生（　）けんめい がんばる。

⑤ □ くさ が

⑥ 生（　）える。

⑦ 生（　）きものを かう。

⑧ □ あか ちゃんが

⑨ 生（　）まれた。

⑩ 生（　）たまご

⑪ □□ たん 生 び

セイ
ショウ
いーきる
うーむ
はーえる
なま

生

どの よみかた かな？

● おうちの方へ

「生」はいろいろな読み方があります。1年生ですべて学習するわけではありませんが、読み方を知ることにより、漢字のもつ意味が理解しやすくなります。

【95ページのこたえ】①7 ②6 ③8 ④9 ⑤5 ⑥9 ⑦6 ⑧8 ⑨9 ⑩4 ⑪2 ⑫8 ⑬9 ⑭6 ⑮3

くり下がる　ひきざん　9

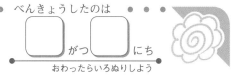
🐨 つぎの　けいさんを　しましょう。

① 13 − 5 =

② 12 − 6 =

③ 11 − 7 =

④ 10 − 8 =

⑤ 13 − 4 =

⑥ 14 − 9 =

⑦ 10 − 5 =

⑧ 14 − 6 =

⑨ 12 − 3 =

⑩ 15 − 7 =

⑪ 10 − 9 =

⑫ 12 − 5 =

⑬ 14 − 7 =

⑭ 11 − 4 =

⑮ 17 − 8 =

● おうちの方へ

ひく数がいろいろあります。特定の数のひき算でつまるということはありませんか。

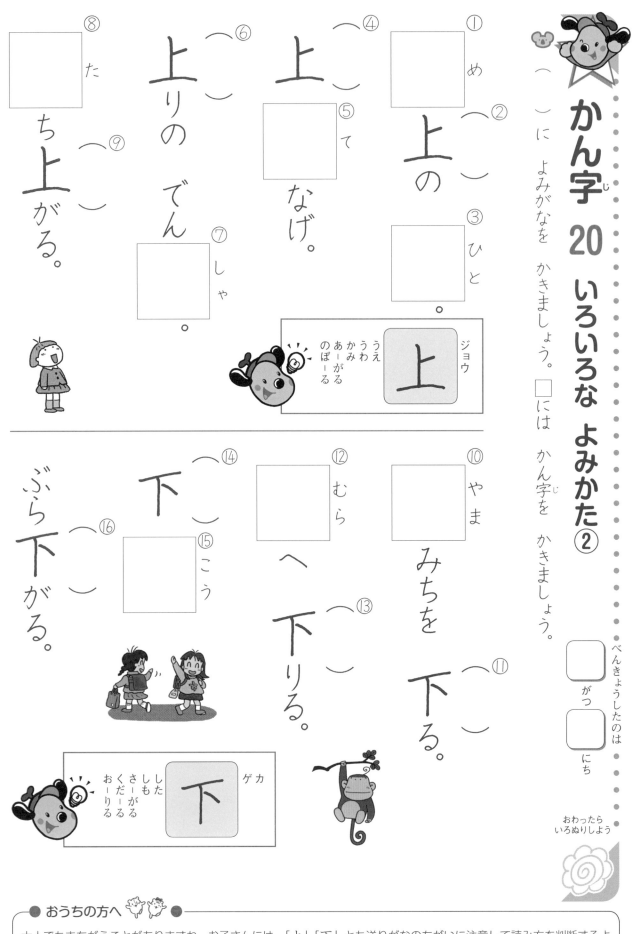

（　）に よみがなを かきましょう。
□には かん字を かきましょう。

① め □

② 上

③ ひと □。

④ 上（　）

⑤ □ て なげ。

⑥ 上（　）

⑦ □ しゃ。

上りの（　）でん

⑧ □ た

ち上（　）がる。⑨

上 ジョウ
うえ
うわ
かみ
あ—がる
のぼ—る

⑩ やま □ みちを 下る。

⑪ 下（　）る。

⑫ むら □ へ

⑬ 下（　）りる。

⑭ 下（　）

⑮ □ こう

⑯ ぶら下（　）がる。

下 ゲカ
した
しも
さ—がる
くだ—る
お—りる

べんきょうしたのは □ がつ □ にち

おわったら
いろぬりしよう

● おうちの方へ ●

大人でもまちがうことがありますね。お子さんには、「上」「下」とも送りがなのちがいに注意して読み方を判断するようにアドバイスしてください。

くり下がる ひきざん 10

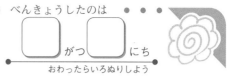

🐨 つぎの けいさんを しましょう。

① 15 − 6 =

② 12 − 4 =

③ 10 − 3 =

④ 14 − 8 =

⑤ 10 − 7 =

⑥ 13 − 8 =

⑦ 10 − 2 =

⑧ 17 − 9 =

⑨ 13 − 7 =

⑩ 15 − 9 =

⑪ 11 − 6 =

⑫ 12 − 8 =

⑬ 14 − 5 =

⑭ 11 − 8 =

⑮ 16 − 9 =

● おうちの方へ 🐾 ●

全部正解だったでしょうか。このひき算が不十分だと上の学年でつまずきます。まちがった問題はやり直させて、確実にできるようにしておきましょう。

【100ページのこたえ】①ご ②なに ③さん ④ろく ⑤しち ⑥きゅう ⑦よん ⑧きゅう ⑨に

（　）に よみがなを、□に かん字を かきましょう。

① □な （　）② 名 □じ③ を かきなさい。

④ □いし は、（　）⑤ じ石に くっつかないよ。

⑥ □むし は、（　）⑦ こん虫の なかまです。

⑧ （　）足に いって ⑨ □あし が つかれたよ。

たしざん・ひきざん 1

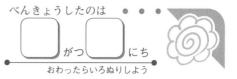

つぎの けいさんを しましょう。

① 5 + 6 =

② 7 + 8 =

③ 9 + 3 =

④ 14 − 6 =

⑤ 13 − 7 =

⑥ 15 − 9 =

⑦ 8 + 4 =

⑧ 6 + 7 =

⑨ 12 − 5 =

⑩ 16 − 8 =

⑪ 4 + 8 =

⑫ 2 + 9 =

⑬ 11 − 3 =

⑭ 3 + 8 =

⑮ 13 − 4 =

● おうちの方へ ●

たし算とひき算が混ざると、今までできていたたし算やひき算でまちがう子が出てきます。＋－の記号に気をつけてやらせましょう。

【102ページのこたえ】 ① う ② え ③ かう ④ エ ⑤ うい ⑥ え ⑦ いか ⑧ う ⑨ き ⑩ かき

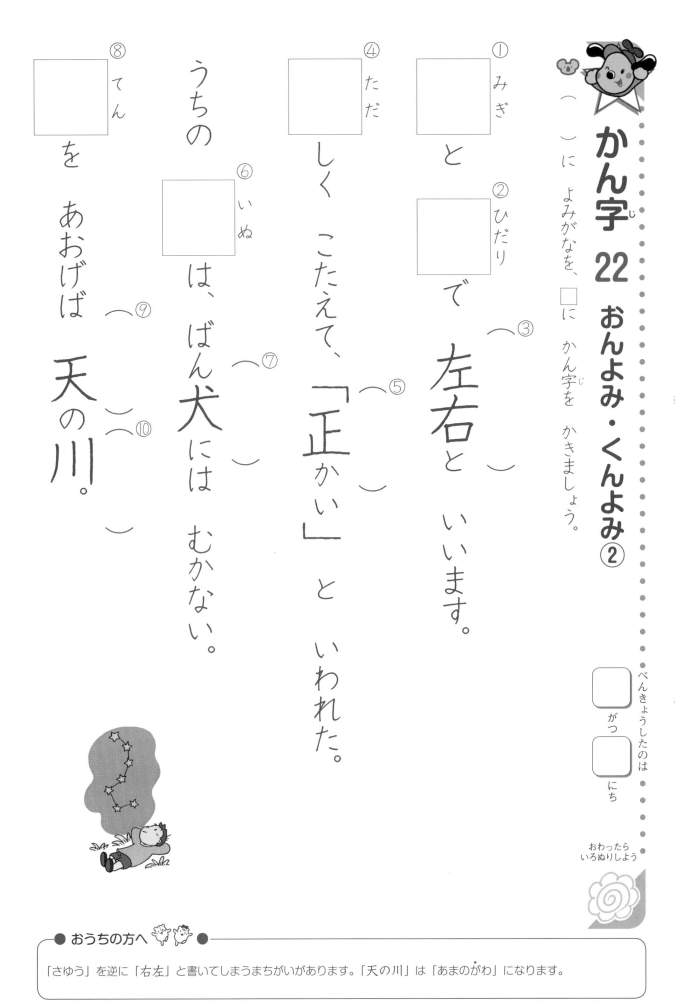

（　）に よみがなを、□に かん字を かきましょう。

べんきょうしたのは

□ がつ
□ にち

おわったら
いろぬりしよう

① みぎ ☐ と ② ひだり ☐ で ③（　）左右と いいます。

④ ただ ☐ しく こたえて、⑤（　）「正かい」と いわれた。

⑥ いぬ ☐ は、ばん⑦（　）犬には むかない。

⑧ てん ☐ を あおげば ⑨（　）⑩（　）天の川。

【101ページのこたえ】 ①11 ②15 ③12 ④8 ⑤9 ⑥6 ⑦12 ⑧13 ⑨7 ⑩8 ⑪11 ⑫11 ⑬8 ⑭11 ⑮9

ナゾトキ☆クエスト ★ にんじゃ へん

ステージ 3

こたえが 大きい ほうの みちを とおって ゴールまで いこう。

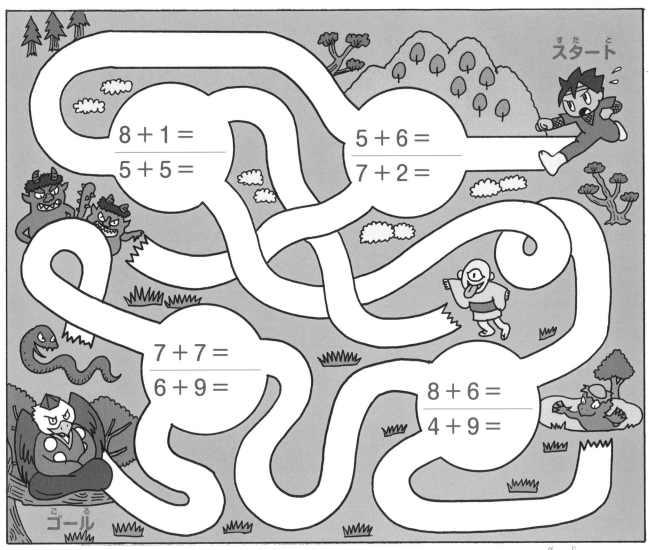

117ページに つづく。

とりつい

かん字のたしざん

● □に 入る かん字は なにかな?

① ⼧ ＋ 子 = ☐

② 木 ＋ 交 = ☐

③ 艹 ＋ 化 = ☐

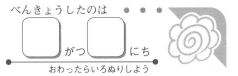
つぎの けいさんを しましょう。

① 11 − 2 =

② 9 + 6 =

③ 13 − 5 =

④ 14 − 8 =

⑤ 6 + 9 =

⑥ 11 − 6 =

⑦ 5 + 7 =

⑧ 8 + 6 =

⑨ 12 − 9 =

⑩ 8 + 8 =

⑪ 15 − 7 =

⑫ 7 + 5 =

⑬ 12 − 4 =

⑭ 18 − 9 =

⑮ 4 + 7 =

● おうちの方へ

たし算とひき算が混ざった計算ができて初めて合格です。落ち着いて計算するようにさせましょう。

【106ページのこたえ】①じゅう ②さんじゅう ③じゅうに ④に ⑤じゅうち ⑥なな ⑦よんじゅう ⑧なな ⑨四 ⑩子 ⑪子 ⑫子 ⑬子 ⑭にじゅうし ⑮四 ⑯昔

べんきょうしたのは

□ がつ □ にち

おわったら
いろぬりしよう

（　）に よみがなを、□に かん字を かきましょう。□には 文の 中の かん字が 入ります。

① （　）② （　）

③ （　）やま と 山の ④ （　）と 中、 ⑤ （　）小やで ひと休み。

⑥ （　）⑦ （　）

出口から 足を ⑧ だ す。

⑨ □の ⑩ こ は ⑪ （　）男子、⑫ おんな の ⑬ こ は ⑭ （　）女子。

おとこ

きれいな ⑮ （　）音いろが ひびく ⑯ おん がく。

● おうちの方へ 🐶🐶

「子」は3画です。1画ずつ意識して書きましょう。3画目の位置に気をつけましょう。

× 子　× 子

かたち 1

べんきょうしたのは

がつ　にち

おわったらいろぬりしよう

🐨 しかく（□□）、さんかく（△）、まる（○）を つかって えを かきましょう。

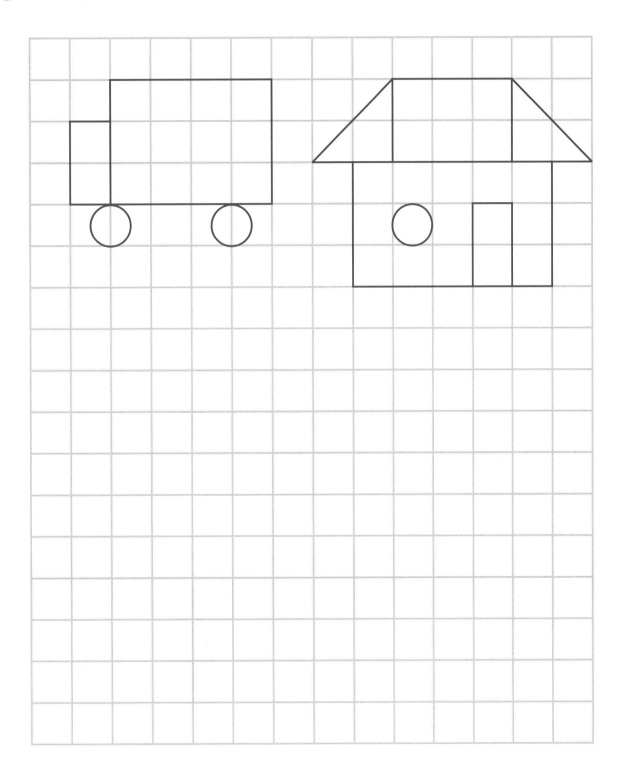

べんきょうしたのは

□ がつ □ にち

おわったら いろぬりしよう

（　）に よみがなを、□に かん字を かきましょう。□には 文の 中の かん字が 入ります。

① （　） 千よがみで

② □ せん ばづるを おる。

③ （　） うんてん手は ハンドルを

④ □ て で にぎった。

⑤ □ みみ が わるいので、

⑥ （　じ　） 耳ぢかで みて もらう。

⑦ （　） 花だんの

⑧ □□ くさばな と

⑨ （　） ざっ草を ぬく。

● おうちの方へ ●

「千」の1画目は左下へはらいます。「耳」の5画目は4画目より長い目にななめにはらい上げます。筆順にも注意しましょう。「一丁干王耳耳」です。

かたち 2

まん中の　だんの　かたちと　おなじ　なかまの　かたちを　せんで　むすび
ましょう。

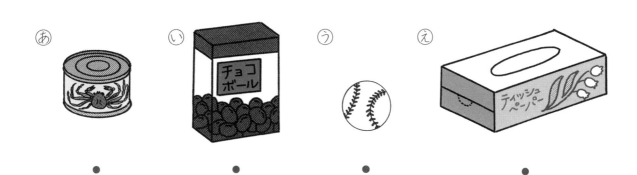

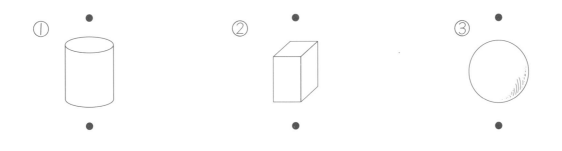

● おうちの方へ

ボールの形（球）と円柱の形を、平面の図でも区別できるようにしましょう。

べんきょうしたのは

□ がつ　□ にち

（　）に よみがなを、□に かん字を かきましょう。

おわったら
いろぬりしよう

① □□（がっこう）② （　）で 学んだ ことを ③ （　）生かす。

④ □□（せんせい）の ⑤ （　）ゆび先を よく ⑥ □（み）ましょう。

⑦ □（ぶん）⑧ □（なか）の ⑨ （　）文字を さがす。

⑩ □□□（じゅうえんだま）は ⑪ （　）円い かたちです。

● おうちの方へ
「₃文₄」の3画目（左はらい）と4画目（右はらい）
の順番に気をつけましょう。「円」の3画目は縦棒で
す。これもまちがいやすい筆順です。「｜ ﾉ冂円円」
です。

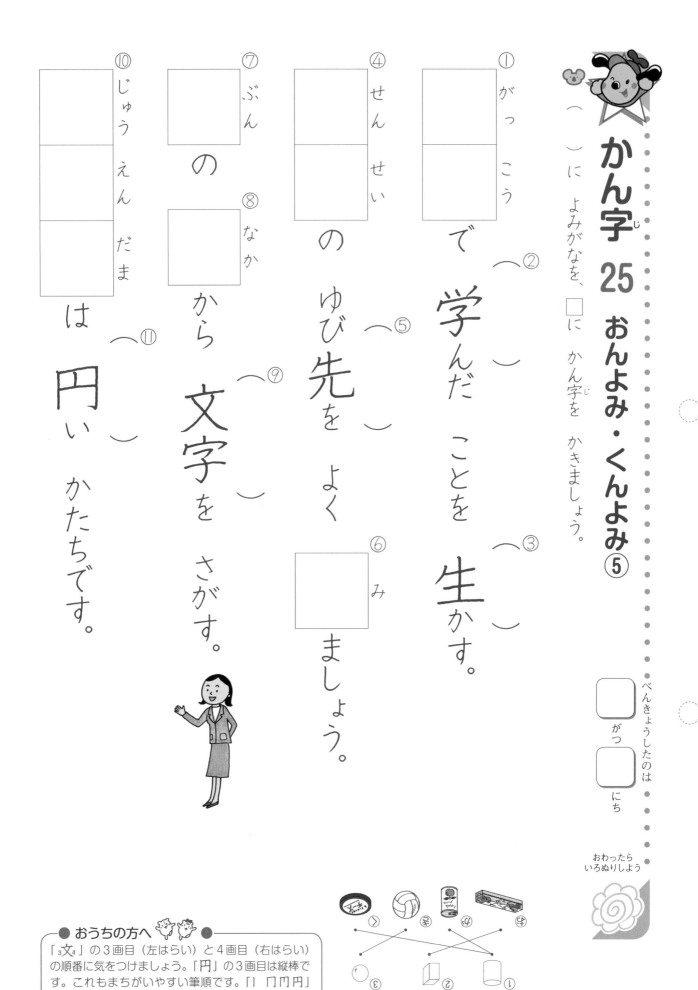

【109ページのこたえ】

110

大きな かず 1

べんきょうしたのは
がつ　にち
おわったらいろぬりしよう

1. おはじきは　なんこ　ありますか。

　　しるしを　つけて　かぞえましょう。10に　なったら　かこみましょう。

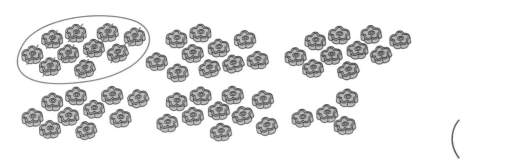

$$(\qquad)こ$$

2. 10ずつ　ならべました。りんごは　なんこでしょう。

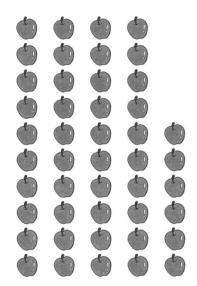

$$(\qquad)こ$$

3. たまごは　なんこ　あるでしょう。

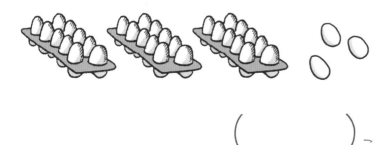

$$(\qquad)こ$$

● おうちの方へ

物を数えるとき、10のかたまりをきちんと並べると数がパッとわかることに気づかせます。

⑪

( )に よみがなを、□に かん字を かきましょう。

べんきょうしたのは

□ がつ

□ にち

おわったら
いろぬりしよう

① 青年だんの〜（ 　）

② ［ひと］が ⌒（ 　）

③ ［あお］い シャツを きて いる。

④ ［あか］んぼうが ⌒（ 　）

⑤ ［う］まれた おいわいに

⑥ 赤はんを たく。〜（ 　）

⑦ ［たけ］やぶで ⌒（ 　）

⑧ 竹わを たべた。〜（ 　）

⑨ うば［ぐるま］の ⌒（ 　）

⑩ 車りんが はずれた。〜（ 　）

● おうちの方へ
「青」の筆順に気をつけましょう。「主」は「十」に「一」と書きます。「竹」の3画目はとめ、6画目ははねます。

大きな かず 2

べんきょうしたのは
がつ　にち
おわったらいろぬりしよう

🐨 ぼうの かずだけ 右の タイルに いろを ぬりましょう。
また、かずを すう字で かきましょう。

①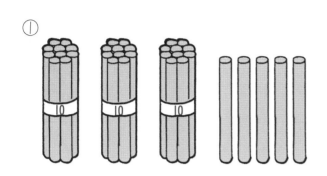

十のくらい	一のくらい

②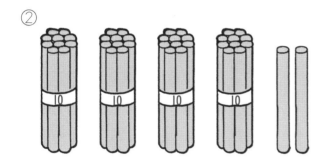

十のくらい	一のくらい

● おうちの方へ

10のかたまりがいくつあるかを書くのが十の位、ばらばらがいくつあるかを書くのが一の位ということを教えます。

(113)

【114ページのこたえ】①ち ②うずら ③う ④け ⑤さ ⑥さる ⑦き ⑧かね ⑨れ ⑩ない ⑪けん

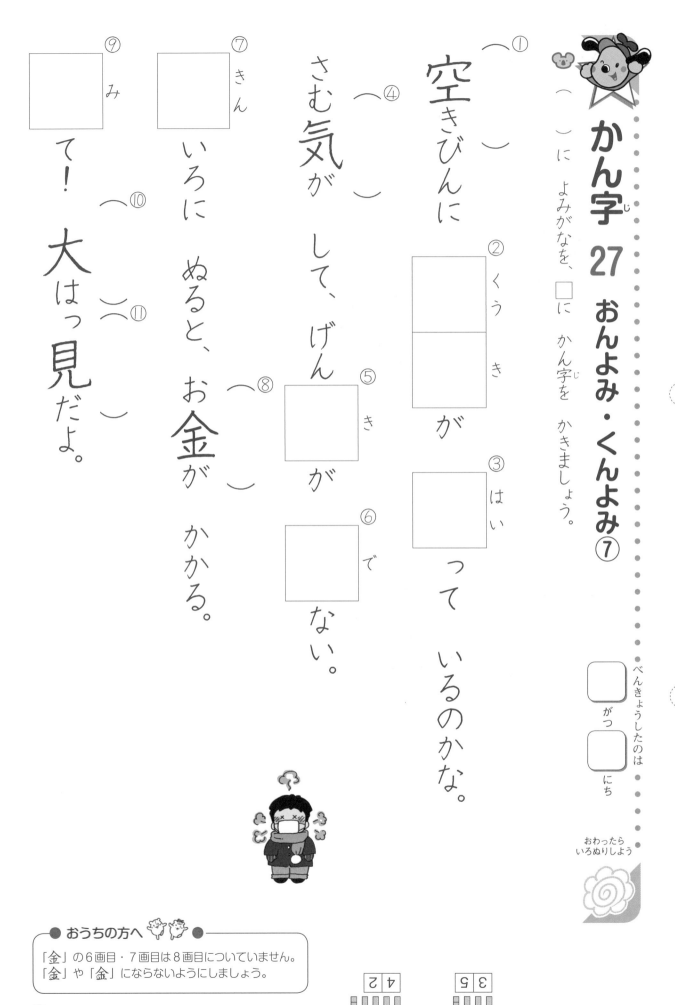

（　）に よみがなを、□に かん字を かきましょう。

べんきょうしたのは

□ がつ □ にち

おわったら
いろぬりしよう

① 空きびんに

② □ くうき が

③ □ はい って いるのかな。

④ さむ（　）気 が して、げん

⑤ □ き が

⑥ □ で ない。

⑦ □ きん いろに ぬると、お金が かかる。

⑧ （　） が

⑨ □ み て！ 大はっ

⑩ （　）

⑪ （　）見 だよ。

【113ページのこたえ】

① ②

大きな かず 3

1. すう字で かきましょう。

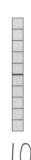

が **5**つと ▫ が **3**つ

10

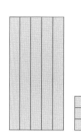

2. いくつでしょう。

① 10が **3**つと |が **9**つ

② 10が **4**つと |が **2**つ

③ 10が **6**つと |が **|**つ

④ 10が **7**つと |が **6**つ

⑤ 10が **8**つと |が **7**つ

● おうちの方へ ●

2. は、言葉だけで位を考えて数を答える問題です。わかりにくい場合は、別の紙に**1.** のような図をかかせてみましょう。

かきじゅんが 正しい ほうの （ ）に ○を つけましょう。

べんきょうしたのは

□ がつ □ にち

おわったら
いろぬりしよう

⑦ 円
（い）（ ）　（あ）（ ）
（ ）一 门 円 円
（ ）一 门 円 円

⑤ 入
（い）（ ）　（あ）（ ）
（ ）八 入
（ ）入 入

③ 上
（い）（ ）　（あ）（ ）
（ ）一 ト 上
（ ）一 ト 上

① 右
（い）（ ）　（あ）（ ）
（ ）一 ナ ナ 右 右
（ ）ノ ナ ナ 右 右

⑧ 青
（い）（ ）　（あ）（ ）
（ ）一 二 三 丰 青 青
（ ）一 十 主 丰 青 青

⑥ 出
（い）（ ）　（あ）（ ）
（ ）凵 屮 凵 出
（ ）一 十 中 出 出

④ 年
（い）（ ）　（あ）（ ）
（ ）ノ ヒ 仁 仁 年 年
（ ）ノ ヒ 仁 仁 年 年

② 左
（い）（ ）　（あ）（ ）
（ ）一 ナ 広 左 左
（ ）ノ ナ 広 左 左

● おうちの方へ ●

まちがいやすい書き順の漢字です。正しく覚えているか、チェックしてあげてください。

ナゾトキ☆クエスト にんじゃ へん

きたな、リオ。
ここから 先は、
とおさないぜ！

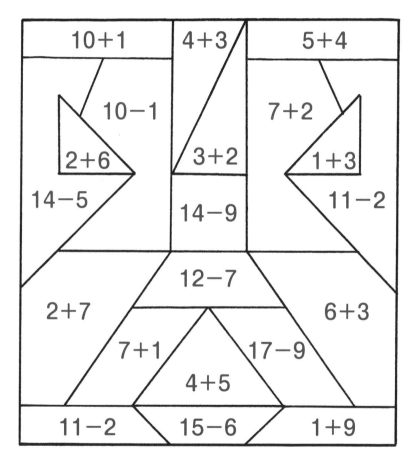

火とんの じゅつで
カラスてんぐを やっ
つけよう！
こたえが、1〜8に
なる ところに 赤く
いろを ぬろう。
文字が うかび上がる
ぞ！

た、たす
けて〜、
おやぶ〜ん。

131ページに つづく。

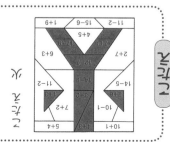

(117)

● かん字の 中(なか)に かたかなが かくれて いるよ。
みつけて 下(した)の □に かこう。どうぶつの 名(な)ま
えが できるよ。

男　学

気　左

□□

□ル

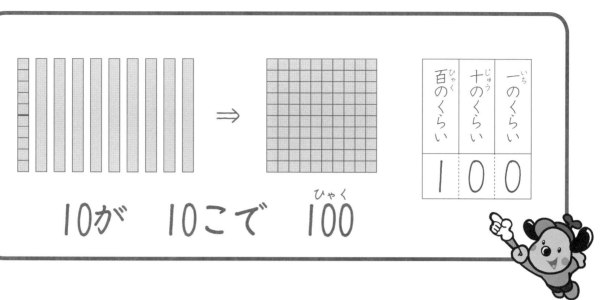

10が　10こで　100

百のくらい	十のくらい	一のくらい
1	0	0

🐨 いくつでしょう。□に かずを いれましょう。

①

99 より 1 大きい

②

100 より 1 小さい

● おうちの方へ
1つずつ100個を数えるのは、たいへんです。ここでは図を見て、たくさんだということと、「10が10個で100」であることをしっかりつかませましょう。「ひゃく」は知っているけれど、「100」という3けたの数は、初めてです。

【120ページのこたえ】①ちゅうりつより ②こうきゅうおんせん ③こんにゃく ④ちょう
⑤じゅんけつ ⑥びょういん

つまる 音・ねじれる 音

小さく かく 文字に 気を つけて、つぎの ことばを 正しく かきましょう。

べんきょうしたのは

□ がつ

□ にち

おわったら
いろぬりしよう

① ちゅうかりょうり

② とっきゅうれっしゃ

③ こんにゃく

④ よっつ

⑤ じゃんけん

⑥ びょういん

大きな かず 5

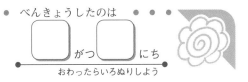

🐨 100までの かずを じゅんに ならべました。

0	1	2	3	4	5	6	7	8	9
10	11	12	13	14	15	16	17	18	19
20	21	22	23	24	25	26	27	28	29
30	31	32	33	34	35	36	37	38	39
40	41	42	43	44	45	46	47	48	49
50	51	52	53	54	55	56	57	58	59
60	61	62	63	64	65	66	67	68	69
70	71	72	73	74	75	76	77	78	79
80	81	82	83	84	85	86	87	88	89
90	91	92	93	94	95	96	97	98	99
100									

① 0から 100まで こえに 出して よみましょう。

② 一のくらいが 0の かずを 見つけて よみましょう。

③ 一のくらいが 5の かずを 見つけて よみましょう。

④ 一のくらいが 0の かずと 5の かずを 見つけて、小さい じゅんに よみましょう (0、5、10…)。

【122ページのこたえ】 ① ななせん・ななひゃく ② ななひゃくよんじゅう ③ せいく

よみとりもんだい 1

だいくと おにろく

むかし、あるところに、とても ながれの はやい おおきな かわが あった。あんまり ながれが はやいので、なんど はしを かけても、たちまち ながされてしまう。むらの ひとたちは、とんと こまりはてて いた。

そこで、むらの ひとたちは あつまって、いろいろ はなしあったあげく、このあたりで いちばん なだかい だいくに たのんで、はしを かけてもらうことにした。

（「だいくと おにろく」松居直再話・赤羽末吉画・福音館書店より）

① 上の 文しょうを よんで、つぎの もんだいに こたえましょう。

① どんな かわが ありましたか。
とても （　　　　　） （　　　　　） かわ。

② むらの ひとたちは、なぜ こまりはてて いた のですか。
なんど はしを かけても、たちまち （　　　　　） から。

③ むらの ひとたちは、だれに はしを かけても らうことに しましたか。
このあたりで いちばん なだかい

。

● おうちの方へ
初めての文章はスラスラと読めないのがふつうです。一文ずつお手本として読んであげて、後に続いてお子さんに読ませてください。

大きな かず 6

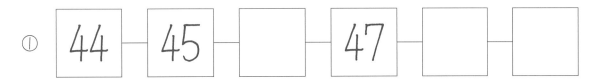

つぎの □に あう かずを かきましょう。

① | 44 | 45 | | 47 | | |

② | 30 | 40 | | | 70 | |

③ | 75 | 80 | | | 95 | |

④ | 70 | | 90 | | | |

⑤ | | 100 | | 120 | |

⑥ | 130 | 120 | | | |

⑦ | 100 | 95 | | | | 75 |

● おうちの方へ ●

5とび、10とびの数も出題しています。大きくなる順は簡単ですが、小さくなる順は確かめながらやらせてください。

【124ページのこたえ】①うん ②ほし・ひつじ ③おに

よみとりもんだい 2

べんきょうしたのは

□ がつ
□ にち

おわったら
いろぬりしよう

だいくと おにろく （つづき）

つかいの ものが でかけていって たのむと、だいくは、「うん」と へんじをして、すぐ ひきうけた。ひきうけてはみたものの、だいくは しんぱいになってきた。

そこで、はしを かける ばしょへ いって、じいっと ながれる みずを みつめていた。

すると、ながれの なかに、ぶく ぶく ぶくと あわが うかんで、なかから ぶっくり、おおきな おにが あらわれた。

「おい、だいくどん、おまえは いったい なにを かんがえている」

（「だいくと おにろく」松居直再話・赤羽末吉画・福音館書店より）

上の 文しょうを よんで、つぎの もんだいに こたえましょう。

① つかいの ものが たのむと、だいくは、なんと へんじを しましたか。

「 ┌─────┐
   │   │
   │ ⋯⋯⋯ │
   └─────┘ 」と へんじを した。

② しんぱいに なった だいくは どうしましたか。

（　　　　　　）を かける ばしょへ いって（　　　　　　）ながれる みずを みつめて いた。

③ ながれの なかから あらわれたのは なにで すか。

おおきな（　　　　　　）。

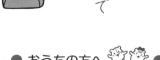

● おうちの方へ ●

読み取りの問題では、問いに含まれている言葉に注意します。「どうしましたか」で、したことを書いている文をさがします。③では、「あらわれた」に気をつければ、「あわ」という答えは、まちがいであることに気づくでしょう。

大きな かず 7

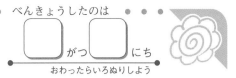

1. 3つの うち 一ばん 大きい かずに ◯を しましょう。

① 23　24　25　　④ 95　85　75

② 75　79　77　　⑤ 47　74　40

③ 68　64　66　　⑥ 98　89　99

2. 3つの うち 一ばん 小さい かずに ◯を しましょう。

① 81　18　88　　④ 63　65　66

② 50　70　30　　⑤ 38　47　65

③ 77　67　57　　⑥ 49　44　94

● おうちの方へ

数の大小関係がわかりにくく、数を順に唱えていく子もいます。数の大小を判断するときは、まず大きい位（ここでは十の位）に注目させます。

【こたえ】1① 25 ② 79 ③ 68 ④ 95 ⑤ 74 ⑥ 99　2 【126ページのこたえ】

あかい くつ

のはらの まんなかに
あかい くつが おちて いました。
はつかねずみが
それを みつけました。
「やあ、きれいな うちだ」
はつかねずみは よろこんで はいって
みました。
「あれっ。やねが ない。
やねが なければ すめないや」
はつかねずみは がっかりして、
むこうに いって しまいました。

（「あかいくつ」あまんきみこ 作・安井淡 絵・岩崎書店より）

上の 文しょうを よんで、つぎの もんだいに
こたえましょう。

① のはらの まんなかに なにが おちて いま
したか。

（あかい　　　　　）

② はつかねずみは、あかい くつを なんだと
おもったのでしょう。

③ なぜ、はつかねずみは がっかりしたのでしょ
う。

やねが なければ
　　　　　　　　　から。

● おうちの方へ ●

読み取りの問題では、指示語（これ・それ・あれ・どれなどの類）が何を指しているかを問うことがあります。その指示語の代わりに言葉を入れて、文の意味が通ればそれが指し示しているものです。「なぜ」と理由を問われたら、「～（だ）から」と答えるようにしましょう。

【125ページのこたえ】 1. ①25 ②79 ③68 ④95 ⑤74 ⑥99
2. ①18 ②30 ③57 ④63 ⑤38 ⑥44

2けたの たしざん 1

べんきょうしたのは
□がつ□にち
おわったらいろぬりしよう

1. しろい はなが 20ぽんと、あかい はなが 4ほん あります。あわせると なんぼんでしょう。

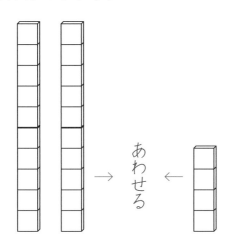

→ あわせる ←

あわせるの
だから
たしざんだね。

しき

20 ＋ 4 ＝24

こたえ　　　　ほん

2. けいさんを しましょう。

① 20＋8 ＝

② 30＋7 ＝

③ 40＋6 ＝

④ 3＋80 ＝

⑤ 2＋50 ＝

⑥ 1＋70 ＝

【128ページのこたえ】①むしめがね・かがみ・まどガラスなど ②すて゛きなぼうし ③て゛んき

あかい くつ (つづき)

ぴかぴか ひかった くつでした。

まだ あたらしい くつでした。

くまのこが それを みつけました。

「やあ、すてきな ぼうしだぞ」

くまのこは、よろこんで かぶりました。

くまのこは、よろこんで かぶりました。

くまのこは、がっかりして むこうに いって しまいました。

□、あらら。

いくら かぶっても おちて しまます。

「こんなに おちたら あるけない。あるけなくては つまんない」

くまのこは、がっかりして むこうに いって しまいました。

(「あかいくつ」あまんきみこ 作・安井淡 絵・岩崎書店より)

上の 文しょうを よんで、つぎの もんだいに こたえましょう。

① くまのこが みつけた くつは、どんな くつ ですか。二つ かきましょう。

・( ) くつ

・( ) くつ

② くまのこは、あかい くつの ことを なんだ と おもったのでしょう。

③ □ に はいる ことばは どれですか。○を つけましょう。

あ ( ) それから

い ( ) ところが

う ( ) やっぱり

● おうちの方へ 🐻🐻

③の □ の中に言葉をあてはめてみて、どれが文章として違和感なく続くでしょうか。「くまのこは、よろこんで かぶりました。」「いくら かぶっても おちて しまいます。」の二つの文は逆接の言葉で結びます。

【127ページのこたえ】 1. 20÷4=24 24ほん 2. ①28 ②37 ③46 ④83 ⑤52 ⑥71

2けたの たしざん 2

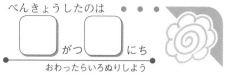
1. あめが ふくろに 30こ あります。もう ひとつの ふくろに 20こ あります。ぜんぶで いくつ あるでしょう。

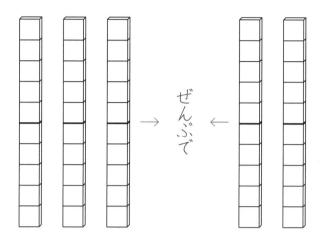

ぜんぶで

しき

こたえ _____

2. けいさんを しましょう。

① 20＋20＝

④ 80＋20＝

② 30＋60＝

⑤ 40＋60＝

③ 40＋50＝

⑥ 10＋90＝

【こたえ】① 40 ② 90 ③ 90 ④ 100 ⑤ 100 ⑥ 100 ⑧ 50・50 ・ ～

くっつきの ことば

□の 中に 「お」か 「を」、「わ」か 「は」、「え」か 「へ」を 入れて、正しい 文に しましょう。

[　]がっ [　]にち

おわったら
いろぬりしよう

① おに□、そと。（わ・は）

② かお□ あらう。（お・を）

③ □を みがく。（わ・は）

④ こんにち□ と いった。（わ・は）

⑤ えき□ むかいます。（え・へ）

⑥ にがお□を かく。（え・へ）

⑦ □かし□ たべる。（お・を）（お・を）

⑧ い□□ かえります。（え・へ）（え・へ）

● おうちの方へ ●

くっつきの言葉「は」「を」「へ」は文を書くことで慣れてきます。

【129ページのこたえ】 1. 30+20=50 50こ 2. ①40 ②90 ③90 ④100 ⑤100 ⑥100

ナゾトキ☆クエスト にんじゃ へん

大てんぐの きりがくれの じゅつだ！ 50から 100まで じゅんに せんを ひいて、大てんぐを 見つけよう。

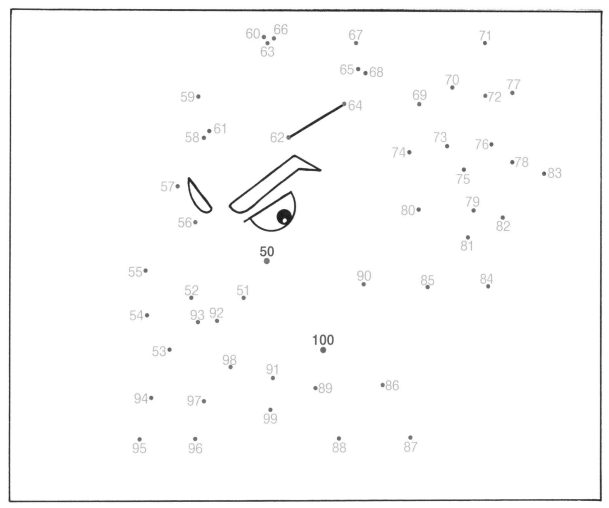

おしまい！

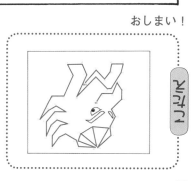

とけた！

めだまやき

● なにに　見えるかな？　かたちを　つかって　すきな　えを
かきましょう。

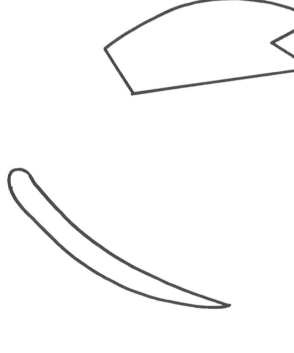

2けたの　ひきざん 1

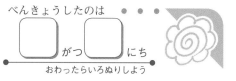

べんきょうしたのは
□ がつ □ にち
おわったらいろぬりしよう

1. あめが 24こ ありました。4こ たべました。のこりは なんこでしょう。

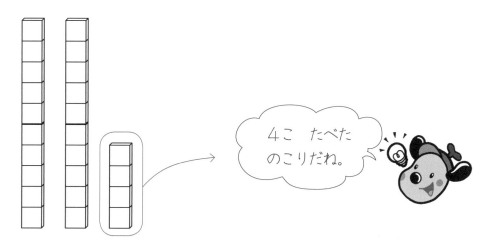

4こ　たべた
のこりだね。

しき

24 － 4 ＝20

こたえ _____

2. けいさんを　しましょう。

① 28－8＝

② 35－5＝

③ 53－3＝

④ 89－80＝

⑤ 32－30＝

⑥ 67－60＝

もの の なまえ

えを みて、（　）の なかに 名まえを かきましょう。また、□に えの ものを まとめた 名まえを かきましょう。

べんきょうしたのは
□がつ □にち
おわったら いろぬりしよう

① くだもの
（あ）
（い）
（う）

② がっき
（あ）
（い）（オルガン）
（う）

③ □
（あ）
（う）

④ □
（あ）
（い）
（う）

【133ページのこたえ】 1. 24-4=20 20こ 2. ①20 ②30 ③50 ④9 ⑤2 ⑥7

2けたの ひきざん 2

1. ふうせんが 50こ あります。20こ あげました。のこりは なんこでしょう。

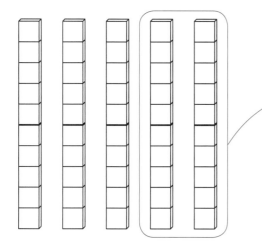

あげたから
へったね。

しき

こたえ _____

2. けいさんを しましょう。

① 80－40＝

② 70－30＝

③ 90－20＝

④ 100－10＝

⑤ 100－50＝

⑥ 100－60＝

● おうちの方へ
何十を10のかたまり何個分ととらえて計算します。**2.** ④〜⑥はくり下がりあるので少しむずかしく思えますが、10の
かたまりで考えると100は10の10個分です。④（100−10）は（10−1＝9）10が9個分で90となります。わかりに
くいようでしたら10円玉を使ってやらせてください。

正しく つたえましょう

つぎの ぶんを よんで、おうちの 人に だいじな ことを つたえましょう。

べんきょうしたのは

□がつ □にち

おわったら いろぬりしよう

① きんじょの おばさんの はなし

おかあさんが るすの とき、きんじょ
の おばさんが きました。

「この かいらんばんを よんで くだ
さい。

よる 七じごろに でんわを します。

その ときに へんじを きかせて くだ
さい。」

七じごろに でんわが
あります。
へんじを きかせてと
いって いました。

② 先生の はなし

「つぎの ことを おうちの 人に つ
たえて ください。

二月九日、土よう日の 九じから 学
校で もちつきたいかいを します。

お手つだいを して いただける かた
は、五日までに れんらくちょうで おし
らせください。」

● おうちの方へ ●

話を聞いて内容を正確に伝えるのは案外難しいことです。まず正確に聞くこと（ここでは読む）が大切です。自分の考え
を混ぜないで、だれが・いつ・どこで・何をするのか、などを正しく伝える練習をさせましょう。

⑯

まとめの テスト 1

べんきょうしたのは　　　　がつ　　　　にち　　　／50てん

(1) ○ ◯ ▱ の かたちの なかまを それぞれ なんこ つかって

います。　　　　　　　　　　　　　　　　　　（15てん）1つ5てん

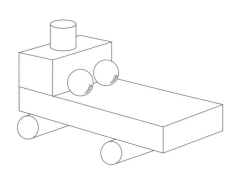

① ○　（　　　　　）こ

② ◯　（　　　　　）こ

③ ▱　（　　　　　）こ

(2) □に かずを かきましょう。　　　　　　（35てん）1つ5てん

① 10が 6つで □

② 10が 5つと 1が 4つで □

③ 10が 10こで □

④ | 70 | 80 | 90 | ㋐ | ㋑ |
  |---|---|---|---|---|

⑤ | 101 | ㋐ | ㋑ | 98 | 97 |
  |---|---|---|---|---|

こたえは
143ページ

137

まとめの テスト1

つぎの かん字を かきましょう。

こたえは
144ページ

べんきょうしたのは

□ がつ □ にち

（50てん） 一つ5てん

／50てん

① あお ぞら

② がっ こう

③ てん き

④ みぎ て

⑤ ひだり あし

⑥ くさ ばな

⑦ せん せい

⑧ おう じょ

⑨ だん し

⑩ いと ぐるま

まとめの テスト 2

(1) つぎの けいさんを しましょう。　　　　　　　　　　(40てん) 1つ5てん

① 3+2-4=　　　　　⑤ 5+6=

② 6-2+3=　　　　　⑥ 15-7=

③ 9+5=　　　　　　⑦ 14-8=

④ 12-4=　　　　　　⑧ 8+7=

(2) 赤い ふうせんが 7こ、青い ふうせんが 8こ あります。ふうせんは、
ぜんぶで なんこ ありますか。　　　　　　　　　　　　(5てん)
　　しき

　　　　　　　　　　　　　　　　　　こたえ _____

(3) たまごが 13こ あります。そのうち、ゆでたまごは 5こです。生たまごは
なんこですか。　　　　　　　　　　　　　　　　　　(5てん)
　　しき

　　　　　　　　　　　　　　　　　　こたえ _____

こたえは
143ページ

139

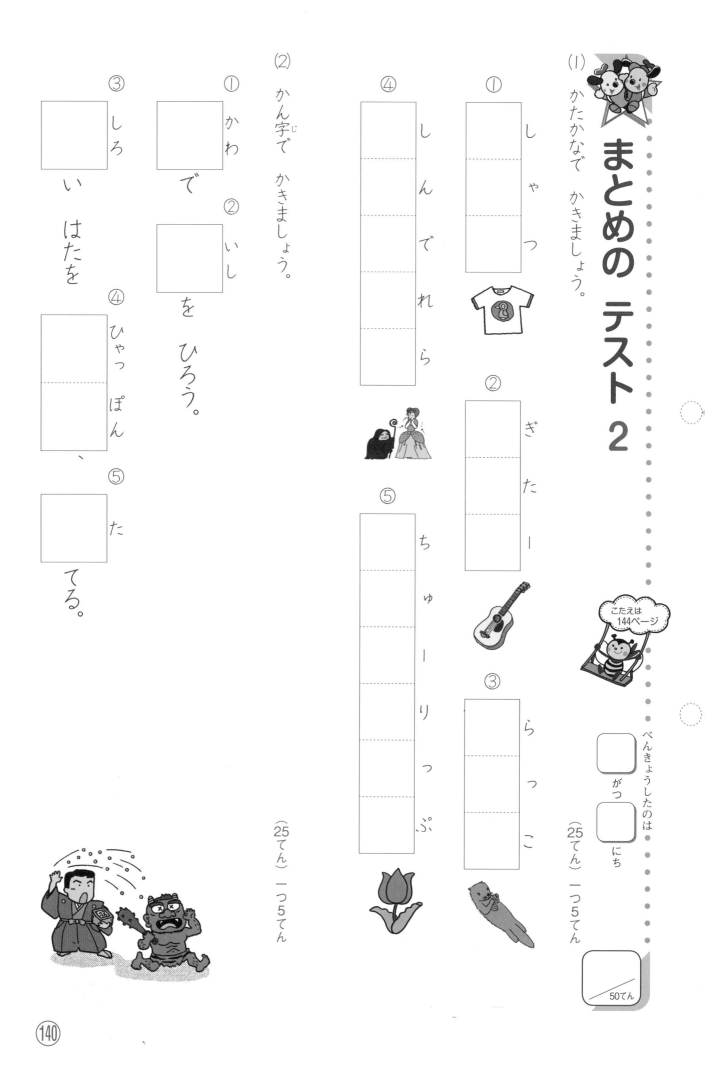

(1) かたかなで かきましょう。

べんきょうしたのは

□ がつ □ にち

こたえは 144ページ

(25 てん) 一つ5てん

① しゃっつ

② ぎたー

③ らっこ

④ しんでれら

⑤ ちゅーりっぷ

/50てん

(2) かん字で かきましょう。

(25 てん) 一つ5てん

① □ かわ で ② □ いし を ひろう。

③ □ しろ い はたを ④ □ ひゃっぽん、 ⑤ □ た てる。